基于核心素养的中学物理教学研究

郑　瑜/著

黑龙江大学出版社
HEILONGJIANG UNIVERSITY PRESS
哈尔滨

图书在版编目（CIP）数据

基于核心素养的中学物理教学研究 / 郑瑜著 . -- 哈
尔滨 : 黑龙江大学出版社，2022.10
ISBN 978-7-5686-0832-9

Ⅰ . ①基… Ⅱ . ①郑… Ⅲ . ①中学物理课－教学研究
Ⅳ . ① G633.72

中国版本图书馆 CIP 数据核字（2022）第 104040 号

基于核心素养的中学物理教学研究
JIYU HEXIN SUYANG DE ZHONGXUE WULI JIAOXUE YANJIU

郑　瑜　著

责任编辑　杨琳琳　徐晓华
出版发行　黑龙江大学出版社
地　　址　哈尔滨市南岗区学府三道街 36 号
印　　刷　北京亚吉飞数码科技有限公司
开　　本　720 毫米 ×1000 毫米　1/16
印　　张　12.75
字　　数　202 千
版　　次　2023 年 3 月第 1 版
印　　次　2023 年 3 月第 1 次印刷
书　　号　ISBN 978-7-5686-0832-9
定　　价　62.00 元

前言

　　物理属于一门较为重要的学科。在新课程标准下,教师不仅仅要传授学生物理理论知识,更要培养学生优秀的物理学科能力,这样学生才能够对所学到的物理知识有较为透彻的理解和认知,才能意识到学习物理的实用性与重要性,从而能够全身心地投入物理学习中去,做到学以致用、融会贯通。

　　物理核心素养是学生发展核心素养的一个具体体现方面。物理学作为一门基础自然科学,物理教学肩负着"提升学生综合素质,发展学生核心素养"的重任。在以培育"学生发展核心素养"为目标的大背景下,新一轮的课程改革、教学改革、高考改革正在全国迅速展开。如何全面有效地培育学生的物理核心素养是当前摆在中学物理教师面前的重大课题。

　　2016年9月,备受瞩目的《中国学生发展核心素养》总体框架正式颁布,预示着我国教育将从知识本位逐渐过渡到素养本位,学生的主体地位越来越得到重视。因此,把核心素养理念融入物理教学方法,使核心素养真正内化于课堂,就成为摆在教师面前的主要任务。

　　本书结合当前中学物理教学的基本问题,基于核心素养来探讨中学物理教学,并提出了一些具体的教学方法,希望为中学物理教学尽一些微薄之力。全书共有八章。第一章核心素养综述,介绍了核心素养的提出、重要性,以及物理学科核心素养的内涵和现状;第二章中学物理教学基础理论,主要介绍中学物理课堂教学的原则与方法、过程与手段、模式；第三章中学物理教学设计，主要介绍了物理教学目标设计、教学方案设计、教学评价设计；第四章中学物理概念教学，介绍了物理概念课堂教学的过程，以及如何在概念教学中贯彻物理核心素养；第五章中学物理规律教学，介绍了物理规律的教学方法，以及在物理规律的形成过程中感知科学思维的方法；第六章中学物理实验教学，主要介绍物理演示实验、物理学生实验，以及改进物理实验教法，培养学生创新能力；第七章中学物理习题与复习教学，重点介绍物理习题教学的组织及优化、中学物理复习教学方法，以及核心素养视角下的物理习题课教学范式；第八章中学物理课堂教学反思，内容包括中学物理教师应具备的素质能力及专业发展、如何从科学本质角度培养学生的物理核心素养，以及初中物理课堂教学应注重学生学科思维的培养。

由于作者个人水平有限，时间仓促，书中难免有疏漏之处，敬请广大读者在使用本书的过程中，将发现的问题告知，以便进一步修正完善。

作　者
2022 年 3 月

目录

第一章
核心素养综述

　　随着时代的变迁，人们的能力观在逐渐发展，基于传统基础教育目标而发展起来的能力标准的局限性渐渐显现，传统的知识与技能目标已无法概括现在对学生学习结果的期待与要求。因此，基础的知识与技能目标在各国的教育目标中逐渐发展成为"掌握核心内容、培养态度倾向、运用整合推理"或"知识、能力、态度情感"三者的整合统一。显然，传统的能力概念已经不再适用，无法代表新时代的教育目标，从而进一步催生了"素养"概念的产生。为了把握基础教育的"基础"这一着重点，素养中的"关键素养""核心素养"得以凸显。

第一节　核心素养的提出

2014 年 3 月,教育部发布了《关于全面深化课程改革落实立德树人根本任务的意见》,提出了"核心素养"这一概念,明确规定将研究和构建学生核心素养体系作为深化课程改革的基本点。2016 年 9 月颁布的《中国学生发展核心素养》以培养"全面发展的人"为核心,以落实"立德树人"为根本任务,将核心素养分为文化基础、自主发展、社会参与三个方面,综合表现为人文底蕴、科学精神、学会学习、健康生活、责任担当、实践创新六大素养。我国以往的教育比较重视"双基",即基础知识与基本技能。后来为了更好地落实素质教育提出了"三维目标",再后来又提出了"核心素养"。这是从教书到育人的转变,也是国民教育发展的必然趋势。相辅相成的三维教学目标包括:知识与技能(学什么),即每门学科的基础知识和基本技能;过程与方法(怎么学),即让学生明确学科知识形成的过程,亲身体验知识的生成过程,提升发现问题、分析问题、解决问题的能力,学会学习,形成创新意识和提高实践能力等;情感态度与价值观(学会什么),即让学生形成好学、积极向上的人生态度,具备科学精神和正确的世界观、人生观、价值观,成为有强烈社会责任感和使命感的社会公民等。

三维教学目标是达到教育目的和落实学科核心素养的途径。"知识与技能"目标是教学的根本任务,需要通过"教学实施"和"情感态度与价值观"目标的实施来实现;"过程与方法"是教学任务完成的手段,需要在"知识与技能"目标的实现中渗透;"情感态度与价值观"是教学目标的能量源泉,需要在"知识与技能""过程与方法"目标的实现过程中积淀。核心素养是要求和归宿,知识与技能是载体,过程与方法是媒介,情感态度与价值观是激励机制。余文森教授认为,核心素养是对三维目标的聚焦和强化,核心素养与三维目标是紧密联系的。[①]

　　核心素养是连接宏观教育理念、培养目标与具体教育教学实践的中间环节。作为教育工作者,我们必须认真贯彻党的教育方针,全面落实立德树人的根本任务,培养和提高学生的核心素养,最终实现中国特色社会主义教育思想的总要求。

第二节　核心素养的重要性

一、未来人才核心技能

　　人工智能、计算世界、新媒介生态、超级结构组织、全球互联网等推动着未来社会发生巨变。未来社会将具有以下特征:一是知识获取更加方便。技术和智能机器人将逐步取代可替代性强的人工操作,职业日益碎片化或短期化,休闲时间增多,生活新需求多样化、高端化。二是知识融合愈加明显。创新能力、变革管理、国际视野、跨文化领导力等元素日益重要。在这种情况下,无论是家庭教育还是社会教育,都要为未来的学生准备这些发展理念和知识技能。三是未来社会(老龄化＋互联网＋机器人＋全球化)会催生很多新行业。老龄化是未来社会的重要特征,互联网是未来社会的典型标志,机器人将会加速全球化进程。这些变化会催生很多新的行业,包括精准化服务、健康和养老、新型供应链、新教育等。

　　面对未来社会的巨变,如何才能顺应趋势成为领跑者? 在未来社会中,具有下列十种技能将变得非常重要:一是意义构建;二是社交智能;三是新颖和适应性思维;四是跨文化能力;五是计算思维;六是新媒体素养;七是跨学科能力;八是设计思维;九是认知负荷管理;十是虚拟协作。只要有价值都可以合作共享,未来的市场将通过资源共享形成一个共同体。因此,我们有理由认为,在未来人口中,10% 的人将成为专业精英,他们可以给人类带来很多新的发现和新的发明;可能有

① 余文森.从三维目标走向核心素养[J].华东师范大学学报(教育科学版),2016,34(1):11-13.

20%的人成为行业精英和业内领袖,这些人将引领未来的产业和行业。

随着知识经济、全球化和信息社会的快速发展,传统的以知识为核心的人才素质结构已越来越难满足未来社会的发展需求。培养学生具有21世纪的核心技能是当今国际教育发展的重要趋势。

二、核心素养新的认识

我国核心素养提出的根本目的是落实我国的教育宗旨,就是要全面贯彻党的教育方针,大力弘扬中华优秀传统文化,把培育和践行社会主义核心价值观融入国民教育全过程,倡导富强、民主、文明、和谐,倡导自由、平等、公正、法治,倡导爱国、敬业、诚信、友善,提升国民综合素质。

在以人为本的时代,核心素养要反映个体发展的需要,为个体成功做准备。但是,个人的生存与发展不能脱离具体的社会环境。个人的核心素养应该适应我国社会发展对人的基本要求,促进21世纪的社会变迁与社会进步。核心素养框架的确定必须具有时代性与前瞻性,国家也提出了要加强"爱学习、爱劳动、爱祖国"的教育。

梳理国内外核心素养的研究成果,我们可以把核心素养简单界定为"为了适应21世纪的社会变革,人所应该具备的关键素养"。核心素养的思想基础是"人的全面发展",即学生经历教育后必须拥有怎样的基本素养和能力,成为怎样的人才。核心素养的具体内容包括社会责任感、创新精神和解决问题的实践能力等方面。社会主义核心价值观对个人提出了"爱国、敬业、诚信、友善"的基本要求。因此,社会责任感应包含尊重、负责、正直、关爱、坚毅、勇敢、和谐等;创新精神应包含好奇心、想象力、批判性思维能力、开创精神、主动进取态度等;解决问题的实践能力应包含观察与体验、收集与评估信息、合作与沟通、实践探究与实证等。这些素养都是学生获得知识、习得能力、发展情感后相互融合的产物。

第三节　物理学科核心素养的内涵

一、初中物理学科的特点

初中物理是一门让学生学习初步的物理知识与技能,经历基本的科学探究过程,通过科学态度和科学精神的熏陶,以提高学生的科学素质、促进学生的全面发展为主要目标的自然科学基础课程。初中物理课程的主要特点体现在以下方面。

（1）实验奠定基础。实验是物理学的基础。物理学是一门实验科学,物理现象的各种规律几乎都是通过实验发现的。实验对理解和掌握物理知识起着关键性作用。初中阶段是学习物理学的伊始,尤其要注重对学生实验能力的培养。初中物理课程注重培养学生的动手能力、实验探索能力、科学探究精神。

（2）注重生活联系。初中物理课程注重知识与生活的联系,培养学生对物理学知识的应用能力。因此,设计的物理问题应与简单的生活现象有关。要注重根据生活情境自主设计实验并进行验证的问题。

（3）具有数学功底。较强的逻辑思维能力和较扎实的数学功底是学好初中物理必不可少的条件。很多物理规律必须借助公式表达才能解决实际问题。实际问题中,很多物理现象会涉及复杂的情境和烦琐的计算。

（4）具备物理思维。要具备良好的物理思维,学会运用物理语言,潜移默化地培养物理思维。物理学是一门研究各种物理现象及其规律的科学。为了将物理规律简单、明了、准确地表达出来,常常需要借助很多特殊的方式,这些特殊的方式就是我们所说的物理学的"语言"。

（5）注重概念理解。初中物理较注重概念的学习、理解。初中物理课要教给学生很多物理规律,这些知识概念性强,有的还很抽象。

（6）强调灵活运用。初中物理注重基础,在扎实的基础上又强调灵活。物理问题多与生活联系紧密,因此,习题具有多变性,较难把握。

从所用的初中物理教材（人教版）看,初中物理新教材具有以下特点：强调学生的探究活动,把科学探究的学习和科学内容的学习放到同等重要的地位;从学生兴趣、认识规律和探究方面出发,设计教材的结构;开放性问题和实践性课题多;充分体现科学、技术、社会的思想,注意人文精神的渗透;注意扩大学生的知识面;形式生动活泼。

初中物理的教学内容以学生的生活和经验为背景,以物理科学领域中最基本的概念、规律和科学方法为基础,以科学探究为主线,以最新信息做补充。从总体上说,初中物理侧重于物理现象,按"现象→规律→本质"的思路学习。

一是观察现象:声现象、光现象、热现象、运动现象、静电现象、磁现象。

二是探究规律:力、运动和力、压强、浮力、简单机械、光的反射和折射、透镜成像、电路、电流、电压、电阻、欧姆定律、电与磁的联系。

三是揭示本质:分子与原子、能量(机械功与机械能、热量、内能、热机、电功与电能、电动机与发电机、无线电、能源、能的转化与能量守恒)。

二、物理学科核心素养

物理核心素养是物理学科育人价值的集中体现,是学生在接受物理教育过程中逐步形成的适应个人终身发展和社会发展需要的关键能力和必备品格,是学生科学素养的重要构成部分。物理核心素养主要包括物理观念、科学思维、科学探究、科学态度与责任四个方面。

(1)物理观念。物理观念是指从物理学视角形成的对物质、运动与相互作用、能量等方面的基本认识。掌握科学原理、科学方法、科学技术及其应用方法是学生发展的重要方面。学生通过学习基础知识,应初步知道物质的组成情况、物质的运动形式、物质间的作用规律、自然界能量的主要形式和转化规律,从而形成物质观念、运动观念、相互作用观念、能量观念,并且能用这些观念描述自然界的图景,从物理学的视角解释相关的自然现象和相关的实际问题。

(2)科学思维。科学思维主要包括模型建构、科学推理、科学论证、质疑创新等要素。从心理学看,思维是人对客观事物的间接反映,它反映出客观事物的一般性和规律性的联系与关系。思维按照形式可分为抽象思维、形象思维、直觉思维三种。抽象思维是以科学概念、科学原理为素材,以科学判断、逻辑推理等形式,达到对客观事物的本质特征和内在联系的认识过程。形象思维是以直观形象、事物表象为素材,对事物表象进行感受、想象、判断,达到对客观事物本质特征的认识过程。直觉思维是以科学概念、事物表象为素材,运用已有的知识、表象、经验,不经逻辑推理迅速对客观事物做出猜想、判断或者感悟的认识过程。直觉思维是一种心理现象,在创造性思维活动中往往起着关键性的作用。

思维的方法包括分析与综合、抽象与概括、分类与比较、归纳与演绎、具体化与系统化,其中分析与综合是最基本的思维方法。物理学是一门崇尚理性、注重逻辑推理的理论科学。通过物理学科的学习,学生应理解、感悟、内化物理学科的科学思维,能正确运用科学思维方法,从定性和定量两个方面进行科学推理,找出规律,形成结论。

(3)科学探究。科学探究主要包括问题、证据、解释、交流等要素,是对学生乐学善学、勤于反思和信息意识等方面的要求。科学探究能力是一种综合能力。探究一个物理问题时,不仅要综合运用分析与综合、抽象与概括、分类与比较、归纳与演绎、具体化与系统化等科学思维方法,还要求探究者具有较强的思维能力、实践能力、组织能力、表达能力、想象能力和创新能力。培养学生的探究能力是物理教师的一项重要任务。

(4)科学态度与责任。科学态度与责任主要包括科学本质、科学态度、社会责任等要素。科学态度与责任强调学生对科学本质的认识,以及在理解科学·技术·社会·环境(STSE)关系的基础上形成相应的科学态度,并承担相应的科学责任。

三、物理学科核心素养的培养

(一)通过课程建设来培养

教育的目的是育人。为实现培养目标而选择的教育内容及其进程的总和(包括各学科和有目的、有计划的教育活动)就是课程。

贯彻党的教育方针,全面落实立德树人根本任务就是要提升学生思想、道德水平,培养学生创新创业精神与能力,强化学生实践动手能力,塑造学生强健体魄,提升学生文化修养,增强学生生态文明素养,提高学生综合国防素质。党的教育方针、立德树人根本任务、四个方面的物理学科核心素养,要在区域内落地生根并开花结果,需要积极探索建立区域育人课程体系,强化课堂改革,推进实现区域育人目标。区域课程体系的设计是否科学,推进工作是否有效,需要建立一套完善的评估监测机制,引领、促进学校实现育人目标。

要紧紧围绕"物理观念""科学思维""科学探究""科学态度与责任"四个物理学科核心素养开展课程建设。一是在区域课程体系建设的总要求下,建构科学的物理学科课程体系,落实物理学科核心素养的培养方案;二是结合物理教学改革要求和各学校实际,开设各具特色的有利于培养物理核心素养的特色物理课程;三是针对学生生活化情境,创设学校校本活动课程,培养和提升学生物理学科核心素养。

(二)通过课堂教学来培养

物理学科核心素养的培养,课程目标的达成,主阵地都在课堂教学,因此必须按照当前先进的课堂教学理念,对物理课堂教学进行深刻的变革。物理课堂教学,特别要重视从传统物理教学到基于核心素养的物理教学的转变。

一是,从物理教学到物理教育。物理教学通常是以知识为线索展开的,这就容易导致教师把教学重点放在知识的讲授上,而忽视物理课程的育人功能。为了防止这种倾向,设计和开展教学时必须以物理核心素养为导向,将物理观念、科学思维、科学探究、科学态度与责任等要求,自始至终贯穿在教学活动之中,使物理教学过程成为学生核心素养的形成过程。

二是,从重学术形态到学术、教育形态并重。中学物理教学具有作为科学的物理和作为教育的物理双重特征。相应地,物理知识也有两种形态,一种是外显的学术形态,另一种是内隐的教育形态。前者揭示的是知识的表层意义,即对物理世界的描述或解释;后者折射的是知识的深层意义,即蕴含在知识背后的思维方式和价值取向。

三是,从重结论应用到重科学思维过程。科学思维是物理核心素养,中学物理教学的任务之一是培养学生的科学思维能力。

四是,创设问题情境能唤起认知思维,激发内驱力,使学生进入探索者角色,参与到学习活动之中。以学生已有的经验为基础引入相关的物理问题,可以唤起学生对已有的知识与将要学习的知识间加以联系,激发学生的学习兴趣。例如,讲到"时间"与"时刻"的区别、"路程"与"位移"的区别时,从上课、下课及乘坐不同交通工具到同一地点这些非常生活化的例子出发,逐渐展开对这些问题的讨论。以生活中的实例来分析物理问题,尽量避免用抽象的分析来阐述问题,这样既便于学生学习、理解,同时也有利于培养学生理论联系实际的意识和能力。我们在教学中要注意选取与所学内容密切相关的、典型的、学生感兴趣的素材,用生动活泼的语言展示物理概念、规律及其中的科学思想和方法,展示应用物理知识的情境,使学生对所学的内容有兴趣、有亲切感。

我们在课堂教学观念和组织形式上必须变革,积极推行学生自主、合作探究的学习方式。在课堂教学中,一是要注重全体学生的发展,改变学科本位的观念;二是要引导学生从生活走向物理,从物理走向社会;三是要注重科学探究,提倡学习方式多样化;四是要注意学科渗透,关心科技发展。

(三)通过质量监测来导向

新课标增加了"学业质量"部分;明确了学业质量是对学生多方面发展状况的综合衡量;确立了新的质量观;改变了过去单纯看知识、技能的掌握程度的做法,引导教学更加关注育人目的;研制了学业质量标准,把学业质量划分为不同水平,可以帮助教师更好地把握教学要求,因材施教,也为考试评价提供了依据。中学物理学业质量标准是依据物理学科核心素养中的"物理观念""科学思维""科学探究""科学态度与责任"四个方面及其水平,结合课程内容的要求而制定的。

同时,为了全面贯彻党的教育方针,落实立德树人根本任务,检验学科核心素养的培养程度,每年在区域内所有中学开展教育质量全面监测,充分发挥监测评估改进教师教学方式、推动学校发展、促进学生成长的功能,特别是监测评估对学生核心素养培养提升的导向功能。

第四节　中学生物理学科核心素养的现状

在以往的传统教育中,教师比较注重具体科学知识的教授与基本技能的训练,随着课程改革的不断深化及创新思想的逐步深入人心,越来越多的教育工作者认识到了教学方法论和思维素养的重要性,于是相应的教学尝试也更加普遍。但由于传统教学方式影响深远,仍然有少数人没有意识到这些,加上与抽象的科学文化知识相比,学生的思维素养这种基本能力的衡量难以被量化,致使相应的教育评估体系很难给出较好的答案。所有这些因素导致目前在对学生思维素养的培养方面仍旧存在着一些问题。

当前,学生在物理学习过程中主要存在以下几方面的问题:首先,没有课前预习的习惯或者不会预习,更加谈不上物理核心素养。一部分学生会进行课前预习,而一部分学生从来不去预习。一些不预习的学生认为教师在课堂上都会讲到,课前预习是没有必要的,会浪费大量的时间。少数学生认为,预习之后再去听课缺乏新鲜感,反而会影响物理课堂听课的效率与质量,在预习过程中不会注意到物理思维的养成。其次,没有主动思维的习惯。一部分学生没有明确的学习目的,更没有近期的学习目标或长期的学习目标,没有短期或中长期学习计划,不善于独立思考问题,习惯于一看就有结果的学习方式。例如,在做物理习题时,学生只满足于解决题中所涉及的问题,很少对本题解题方法进行总结。学生没有钻研的习惯,遇到难题时,不会做就放弃,不是先反复思考,而是遇难就问,一问就了事。最后,没有好的听课习惯。

出现以上教学现状的原因有很多,其中主要是教师的课堂教学模式较为陈旧、学生存在个性化差异,如学生往往习惯运用单一思维,发散思维能力相对较弱。学生在分析和解决问题时,通常是按照事物的发展过程来思考问题的,注重由因到果的思维习惯,不注意变换思维的方向,缺乏从多方面探寻解决物理问题的途径和方法。在对一些典型问题的分析上,仍然可以显示出学生在解决物理问题时思维上的障碍和惯性。

第二章

中学物理教学基础理论

物理学是一门基础自然学科,研究自然界物质的基本结构、相互作用和运动规律。在物理学研究中形成的基本概念、基本规律、基本方法和精密技术,极大丰富了人类对物质世界的认识,推动了科学技术的创新,促进了人类文明的进步。在中学阶段开设物理课程,是对中学生实施科学教育的重要途径,是实现"立德树人"育人目标的必然要求。

第一节　中学物理课堂教学的原则与方法

一、中学物理课堂教学的原则

教学原则是有效进行教学必须遵守的基本要求。教学原则是根据教学目的和教学过程的规律总结出来的,既指导教师的教,也指导学生的学,应贯彻于整个教学活动之中。

中学物理课堂教学的基本原则有:科学性与思想性统一、启发与探究统一、理论与实际相结合、直观与抽象相结合、系统性与渐进性相结合、巩固与发展相结合、统一要求与因材施教相结合。

（一）科学性与思想性统一

"科学性与思想性统一"的原则,是指在物理教学中既要授予学生科学的物理知识,又要根据物理学的特点对学生进行思想品德和社会主义核心价值观的教育。

贯彻科学性与思想性统一原则的基本要求为:

第一,确保教学内容的科学性。在物理教学中,讲授的概念、规律必须是正确的,物理概念的阐述、物理公式的推证、物理实验的设计、物理问题的设置等都必须严谨规范而又实事求是。

第二,利用课本素材进行思想品德教育。物理课本中蕴含着丰富的思想品德教育素材,教学中要充分发掘这些素材,将思想品德教育渗透到物理教学中去。例如在物态变化教学中结合物质形态的变化进行辩证唯物主义教育。

第三,通过教学活动进行思想品德教育。教育即活动,活动即教育。在听课、讨论、实验、作业、考试等各种教学活动中,要严格要求学生,培养学生主动、自觉、认真的态度,勤奋刻苦、持之以恒的习惯,不畏困难、勇于创新的品质。

（二）启发与探究统一

"启发与探究统一"的原则，是指在教学中要充分调动学生学习的主动性，引导他们生动活泼地学习，使他们通过自己的积极思考、深入探究，将知识融会贯通，提高分析问题和解决问题的能力，树立求真意识。

贯彻启发与探究统一原则的基本要求为：

第一，把握核心，调动学生的主动性。学生的学习过程是在教师指导下进行的能动认识过程。教学过程中，教师要把握教学的重点、难点和关键点等核心问题，通过讲述、实验、提问等方式，激发学生的积极性，调动学生的主动性，引发学生探究、反思、领悟，突出重点，突破难点。

第二，设置问题，引导学生积极思考。教学过程是不断地发现问题、分析问题、解决问题的过程。教学中，要善于根据教学内容和学生实际，设置富有启发性的问题或问题串，引发学生积极思考。启发式教学，不是简单的"我问你答"，而是以"问题"为纽带，因势利导，引导学生探索和发现物理规律，感悟科学方法，培养学生善于思考、敢于探索的品质。

第三，创设情境，引导学生解决问题。启发式教学，并非只有教师提问这种方式，组织和引导学生观察物理现象、操作物理实验、解答物理题目也是启发式教学的重要途径。在学生的活动过程中，教师要根据学生的具体情况适时加以提示、引导、修正，使学生能按照正确的方法完成任务；要引导学生主动反思活动的过程、方法和结果，积淀良好的学习方法，养成良好的学习习惯。

第四，发扬民主，营造轻松的课堂气氛。营造和谐、轻松、民主的课堂气氛，是启发式教学的重要条件。要建立相互尊重、相互学习、亦师亦友的师生关系；要引导学生勤于思考、勇于发言、敢于质疑，鼓励学生发表自己的见解；要及时指出学生出现的错误，保证课堂的效率。

（三）理论与实际相结合

"理论与实际相结合"的原则，是指在物理教学中要以物理基础知识为主，要引导学生从理论与实际的联系中去理解、掌握知识，并用所学的知识去分析、解决实际问题，领悟知识的价值。

贯彻理论与实际相结合原则的基本要求为：

第一，联系实际实施教学。在课堂教学中，教师要通过展示活动情景、演示实验现象、呈现生活实例、回忆生活体验,引导学生观察具体的物理现象和过程,建立物理模型,总结物理规律,介绍物理规律在工农业生产、日常生活、科学技术中的应用。让学生了解物理理论的形成依据及物理理论对实践的指导作用。

第二,引导学生应用知识。引导学生学以致用,将所学的知识用于解决实际问题,既是使学生理解所学知识的必然要求,也是培养学生分析能力、应用能力的必然要求。为使学生能较好地应用所学的物理知识,要重视讨论、实验、练习等教学环节的作用,让学生动手、动脑解决一些实际问题;要组织学生参加一些参观考察、社会调查、课外实践、科技实验等实践活动,将所学的内容用于实践之中;要结合教学内容补充一些发明创造、科技前沿等的实例,激发学生的探究意识。

第三,培养学生实践能力。在教学过程中,要以解决问题为导向设计教学过程,使学生在解决问题的基础上形成物理概念、理解物理规律,使学生善于提出问题、解决问题,培养学生的思维能力和实践能力,提升学生的物理核心素养。

(四)直观与抽象相结合

"直观与抽象相结合"的原则,是指利用学生的多种感官和已有经验,通过各种形式的感知,形成有关事物具体而清晰的表象,然后通过分析与综合等思维过程,抽象物理概念,理解物理规律。

贯彻直观与抽象相结合原则的基本要求为:

第一,合理使用直观手段。直观手段分为三类:一是实物直观,如实物、标本、实验等;二是模像直观,如图片、模型、幻灯片、录像带、影视片等;三是多媒体直观,如多媒体课件、动画等。课堂教学中,要根据教学内容和学生年龄特点,合理使用直观手段,使知识具体化、形象化,为学生感知、理解、记忆知识创造条件;要注意直观材料的典型性、科学性、思想性,符合教学要求,使学生能形成事物的清晰表象,能突显与教学内容相关的现象。

第二,善于引导理性思维。直观手段的运用,要尽量与教师的讲解配合,通过提问、引导、解释,指导学生进行观察,帮助他们认识事物的主要特征,获得清晰的表象,从展示的现象层面认识事物的本质。从感性认识上升到理性认识,必须经过分析、综合、抽象、概括,因此,教师在让学生感受直观材料后,要引导学生分析和综合,形成抽象性、概括性的物理概念和规律。

第三，重视运用语言直观。教师的生动讲解、形象描述、通俗比喻，也能给学生以感性知识，形成表象和想象，起到直观的作用。

（五）系统性与渐进性相结合

"系统性与渐进性相结合"的原则，是指综合考虑学科内容的系统性和学生认识的渐进性进行教学，使学生系统地掌握基础知识，形成基本技能，提升逻辑思维能力。

贯彻系统性与渐进性相结合原则的基本要求为：

第一，按照教学内容系统性进行教学。物理学科的知识体系具有系统性，每一节课的发生、发展也具有系统性。教学中要注意教材前后的连贯、新旧知识的衔接，逐步扩展和加深，使即将学习的知识成为已有知识的延伸。

第二，根据认知规律渐进性进行教学。学生的认知过程是从已知到未知、从简单到复杂逐步深化的过程。教学中，要由浅到深、由易到难、由近到远、由简到繁，引导学生扎扎实实、循序渐进地接受、理解、掌握知识和技能。物理教学，尤其要注意知识的"发现"过程，注重学生获得知识的过程。

第三，根据课堂实际灵活进行教学。课堂教学情况复杂，充满变数，教师要将系统性、连续性与灵活性、多变性机智地结合起来，根据课堂的实际情况适当调整教学的内容和教学的进度，要有计划、有目的地设置问题和布置作业，使学生循序渐进地掌握系统的知识，逐步提升学生的物理学科核心素养。

（六）巩固与发展相结合

"巩固与发展相结合"的原则，是指教学中要引导学生在理解知识的基础上牢固掌握基础知识和基本方法，教学内容要有一定的难度，能有效地促进学生的发展，不断提高学生的学习能力和创造能力。

贯彻巩固与发展相结合原则的基本要求为：

第一，教好新知，引导学生理解知识。理解知识是巩固知识的基础。物理教学要层次清楚、重点突出、深入浅出、形象生动，引导学生理解知识；要重视实验探究和理论推导，注重知识的逻辑性和条理性，注重知识的获取过程；引导学生把握知识的逻辑结构，形成知识网络体系，形成物理观念。

第二,重视复习,引导学生巩固知识。复习是巩固知识的重要手段。教师要科学地组织和督促学生复习,如教学前复习、教学中复习、阶段性复习、学期末复习,使知识不断得到强化;要科学布置作业和课外活动,使学生通过反复思考、反复练习,熟练运用知识和技能;要及时检查和测试,纠正错误,加深理解;要使学生养成自行评估、自行检查的习惯,具有对学习过程进行反思的意识和能力。

第三,着眼发展,激发学生提升能力。掌握知识是提升能力的基础,提升能力又是掌握知识的条件。教师要在教学活动中重视发展学生的能力,如在观察物理现象中培养观察能力,在进行物理实验中培养操作能力,在分析感性材料中培养思维能力,在解答物理问题中培养运算能力;要根据学生的发展水平,适当提升教学的难度或布置较难的课外任务,培养学生的探究意识和钻研精神,提升学习能力;要结合科技发展与技术应用,认识科学·技术·社会·环境的关系,提升学生的想象能力、运用能力,激发学生的求知欲望和学习动力,增强社会责任感。

(七)统一要求与因材施教相结合

"统一要求与因材施教相结合"的原则,是指在课堂教学中要遵循课程目标和教学内容相统一的基本要求,又要根据学生的实际水平和个性特点有的放矢地进行教学,使每个学生获得最佳发展。因材施教主要体现在两个方面:一是教学深度和难度适合学生的知识水平和接受能力,二是教学方法和策略适合学生的个性特点和个别差异。

贯彻统一要求与因材施教相结合原则的基本要求为:

第一,依据教学计划,完成教学任务。课堂教学是有计划、有目的的师生活动。教学中,教师要依据教学计划,有步骤地完成教学任务,保证每个学生达到基本的要求。因此,教师要根据教学内容和学生实际认真备课,设置好课堂的各种活动,突出重点,突破难点,实现课堂教学的基本目标。

第二,根据学生实际,实施课堂教学。了解全班学生的知识水平、接受能力、学习态度,从大多数学生的实际出发,正确处理好难与易、快与慢、多与少的关系,使教学的深度和难度适合大多数学生的知识水平和发展水平。

第三,重视个别差异,提出不同要求。教师要了解每个学生的具体特点,如认知能力、知识水平、兴趣爱好、学习态度、性格特征等,正确对待个别差异,善于发现和培养具有特殊才能的学生。积极引导和鼓励尚有"不足"的学生。针对不同的学生,提出不同的要求,给予不同的指导,使每个学生获得最佳发展。

二、中学物理课堂教学的方法

教学方法是指为完成教学任务而采用的方法,包括教师教的方法和学生学的方法,是教师引导学生探讨与掌握知识技能、获得身心发展而共同活动的方法。

教学方法在教学中具有重要意义。在确定了教学内容和教学目的后,就必须采取适当的教学方法。教学方法的选取既要考虑具体的教学内容和教学目的,又要考虑学生的年龄特征及教师的性格特点。常言道"教学有法,教无定法",教师应当从实际出发,将各种方法融合起来,灵活运用,并创造出自己独特的教学方法。

中学物理课堂教学的常用方法有:讲授法、谈话法、演示法、实验法、讨论法、探究法、练习法。

（一）讲授法

讲授法是教师通过语言系统地向学生传授科学知识的教学方法。讲授法可充分发挥教师的主导作用,将物理知识系统、连贯地传授给学生,使学生能在较短的时间内获得较多的知识,是新课教学的主要方法。

讲授法包括讲述、讲解、讲演、讲读等四种形式。讲述是向学生描绘学习对象、展示学习材料、叙述事物发展变化的过程。讲解是向学生对概念、原理、规律、公式进行解释和推证。讲演是通过分析推理来概括与阐述物理知识。讲读是讲与读结合,边读边讲。

运用讲授法的基本要求为:

第一,具有科学性和思想性。讲解的内容要符合科学原理,用词要正确,表达要确切。

第二,具有系统性和条理性。讲解要有条理,顺序合理,层次分明,重点突出。因此,要把具体内容放在学科知识结构中加以衡量,从整体上把握它的占位;要注意从已知到未知,推理严谨,条理清楚;要注意重点、难点和关键点,从不同的侧面阐述重点知识,用不同的途径突破难点。

第三,具有启发性和简明性。讲解时要心中有学生,关注学生的学习情绪,经常提问题,激发学生思维活动,引导学生思维方法;语言要清晰、简练、准确、生动,注意语速适当,语法规范;辅助手势动作,结合板书呈现。

（二）谈话法

谈话法是通过师生问答、对话的形式来引导学生思考、探究,使学生获取和巩固知识的教学方法。谈话法能充分激发学生的探究意识和思维活动,活跃课堂气氛,使学生通过独立思考来发现规律、运用规律、解决问题。谈话可分为复习谈话和启发谈话。复习谈话是根据已学素材向学生提出问题,通过师生问答帮助学生再现、深化、系统化知识。启发谈话是向学生提出未解决的问题。通过对问题的讨论、分析,引导学生获取物理知识。

运用谈话法的基本要求为:

第一,主题明确,问题清晰。设置问题要有计划、有目的,围绕主题,从一个问题过渡到另一个问题。提出的问题要清晰、具体、不含糊。

第二,激发兴趣,引发思考。谈话法教学的效果很大程度上取决于所提问题的"质量"。所提问题要能集中学生的注意力,有思考的价值,有挑战性。过于简单的提问,表面上课堂热热闹闹,实则不能激发学生的思考,无益于发展学生的能力。问题提出后,要有充足的时间让学生思考,让学生辨析。

第三,面向全体,因材施教。课堂提问要面向全体学生,要引发全体学生思考。对于较难的问题,尽量避免"齐声答",要提醒学生认真倾听其他同学的答问和提问。课堂提问要考虑统一要求与因材施教相结合,对成绩优异的学生要提难度较大的问题,对成绩暂时落后的学生可提难度较小的问题,要避免仅与个别成绩好的学生的"表演"式谈话,要及时鼓励问题回答得好的学生,激励学生的质疑式提问,纠正不正确或不准确的回答和提问。

（三）演示法

演示法是教师通过展示实物、教具,播放有关教学内容的音像、影片、课件,或者做演示实验,使学生认识现象、获取知识的教学方法。演示法能使学生获得感性材料,加深对学习对象的印象,把理论与实际联系起来,帮助学生形成物理概念,建立物理模型;能激发学生的学习兴趣,集中学生的注意力,调动学生的积极性。

演示可分为实物和模型演示、图表和照片演示、影片和动画演示、实验演示。随着教学手段的现代化,演示的作用越来越明显。教师要根据教学内容,自制教具和课件,突破时间、空间、宏观、微观、动态的限制,实现动与静、快与慢、大与小、虚与实、繁与简、隐与显之间的互相转换。

运用演示法的基本要求为:

第一,演示现象明显。"现象明显"是演示法教学取得成效的保证。演示的对象要有足够的尺寸并呈现在恰当位置,使全体学生都能看到或听到,对某些现象不明显的对象可采用放大、添色等方式,使学生感受到演示现象;尽可能让学生观察到演示对象的变化、发展过程,获得完整而又深刻的印象。

第二,关注主要特征。演示前,要对演示器材和即将发生的现象加以必要的说明,告诉学生要观察什么,要注意什么。把学生的注意力引导到观察演示对象的主要特征和主要方面上来,避免把注意力分散到一些细枝末节上去。

第三,讲究演示方法。把握演示时机,讲究演示方法。过早拿出演示教具、演示完不及时收好教具,都会分散学生的注意力;演示过程中要适当提示、指点,引导学生边看边想,获得明确的结论。

（四）实验法

实验法是学生在教师指导下,运用实验器材进行独立操作,观察物理现象,探究或验证物理规律,测量未知物理量,以获取知识、培养能力的教学方法。实验法能使学生在一定的条件下观察到物理变化的过程,有助于学生理论联系实际,掌握实验操作方法,培养学生的探究能力、实验能力、创造能力和求实精神。

物理实验可分为观察性实验、探究性实验、验证性实验、测量性实验。观察性实验是观察物理现象,练习实验仪器的使用方法。探究性实验是探究物理规律,为新知识的教学奠定基础。验证性实验是验证已学过的物理规律,加深对物理规律的理解。测量性实验是利用已学过的物理知识测量未知的物理量,加强对物理规律的理解和应用。

运用实验法的基本要求为：

第一，做好实验准备。教师在上课前要制订好计划，准备好器材，分配好小组；让学生阅读教材，做好实验准备。学生实验一般 1~2 人为一组，如果器材不足，可多人一组，轮换实验。

第二，明确实验方法。学生在动手操作前，教师要做适当讲解，让学生明确实验目的，懂得实验原理，清楚实验步骤，设计记录表格，知道数据处理方法，了解注意事项；要提醒学生注意安全和爱护仪器，提醒学生规范操作，尊重实验事实，会分析和处理实验过程中出现的问题或故障。

第三，适时实验指导。在学生实验过程中，教师要在各实验小组间巡视、检查，发现问题要及时指导，在学生遇到困难时要及时予以提示或帮助，使每个学生都能积极参与实验，并按时完成实验。对于普遍性的问题，可让学生暂停实验，进一步讨论和说明，再继续实验。

第四，重视实验总结。实验结束后，教师要对学生的实验做简要的小结，指出做得好的实验和做得不够好的实验，指出实验中存在的问题；要提醒学生整理好实验器材，清理好实验中产生的杂物，规范书写实验报告。

（五）讨论法

讨论法是学生在教师指导下为解决某个问题而进行探讨、辨析，以明辨是非、获得知识、提升能力的教学方法。教学中，对一些重要而又容易混淆的概念、规律、现象进行讨论，可以使学生真正理解相关的物理知识，提高学生的思辨能力，增强探究意识与合作意识。

讨论可以是整节课的讨论，也可以是几分钟的短暂讨论。前者通常是围绕某一个主题或几个相关的问题进行讨论，后者则是对某一个具体的问题进行讨论。从讨论的形式上看，可以是小组讨论或全班讨论，也可以是小组讨论与全班讨论交替进行。

运用讨论法的基本要求为：

第一，选好讨论问题。讨论的问题，首先应对学生具有吸引力，能激发学生的兴趣；其次有讨论的价值，用于讨论的问题通常是难度较大而又非常重要的问题，或者学生容易出错的问题。通过讨论，学生能加深对物理概念或规律的理解，能突破自己认识的局限。

第二，做好讨论指导。在学生讨论过程中，教师要鼓励学生积极思考，勇于发表个人看法或代表小组发表意见；要把大家的注意力集中到讨论的问题上来,引导学生的思维向纵深方向发展,使问题逐渐得到解决;要保护学生的积极性,不要随意打断或否定学生的发言(即使在发言中出现了错误)。

第三,做好讨论总结。在学生讨论结束后,教师要总结讨论情况,使学生获得正确的物理结论;肯定学生讨论中好的方面,指出不好的方面和应注意的问题;允许学生保留个人的质疑,课后进一步讨论。

(六)探究法

探究法是学生在教师指导下通过独立的探索,创造性地解决问题、获得知识、发展能力的教学方法。一般来说,学生要解决的问题都是科学上已解决了的问题,都包含在了教材之中,但对学生来说仍是未知的。在教师不讲解而只提供一定的素材、器材的条件下,解决这些问题需要学生开展创造性探究活动。

探究法的突出优点,是能使学生把已掌握的知识和方法用于研究和解决新的问题,在研究和解决问题过程中进一步巩固知识,感悟探究的方法,提高探究能力。由于探究法具有独特优点,在新的课程改革中许多教师高度关注并积极实施这种教学方法。

探究法包括实验探究、理论探究。实验探究是用实验方法研究物理规律,理论探究是用逻辑推理的方法研究物理规律。

运用探究法的基本要求为:

第一,选择合适的探究课题。用于探究的课题,要有一定的难度和研究价值,要符合学生的实际。一般来说,低年级或学生基础较薄弱的班级所探究的课题应当较简单、单一,高年级或学生基础较扎实的班级可以探究较难和较复杂的课题。

第二,提供必要的探究条件。实验探究前需提供必要的器材、工具,理论探究前需提供相关的图书文献或参考资料,使学生明确探究的目的,知道探究的思路。

第三,循序渐进,因材施教。探究法教学的实施必须循序渐进,一般要从半独立探究逐渐过渡到独立探究。从简单问题的探究逐渐过渡到复杂问题的探究,从局部探究逐渐过渡到整体探究。

第四,独立探究,恰当指导。探究法教学的最显著特点是学生独立探究,充分发挥学生的主观能动性,但教师必须根据学生探究过程中出现的问题做及时、恰当的指导,让每个学生都投入探究之中,得到锻炼。

（七）练习法

练习法是学生在教师指导下完成特定的任务，以巩固知识、形成技能、熟练技巧的教学方法。练习法能使学生更加深刻地理解物理概念、掌握物理规律、熟练物理方法，把知识变成技能，促使学生把所学的知识用于解决实际问题，培养学生严谨认真、克服困难的良好品格。

练习法包括解题练习、制作练习、创新练习。解题练习是设计、分析、解答物理题目，是物理课堂教学最常见的练习方式。制作练习是制作物理模型、实验仪器等"小制作"。创新练习是撰写"小论文"，设计或制作生产、生活中具有一定价值的器件、设备等"小发明"。"三小活动"能有效培养学生的创新意识和创造能力，是培养拔尖创新人才的重要措施，应引起教师的高度重视。

运用练习法的基本要求为：

第一，明确基础知识。明确练习所需的有关基础知识是完成练习的必要条件。练习前，要使学生明确有关物理知识和数学知识，如果要用到尚未学习到的知识，则必须在题目中说明或以"材料"形式呈现，让学生"即学即用"。

第二，掌握正确方法。这里所说的方法，一是指教师对学生练习的安排，要有计划、有步骤，循序渐进，先易后难，先简后繁，注意练习的多样化，注意练习的难易控制和时间分配。二是指学生掌握练习的方法，教师要先通过讲解、示范、评析等途径使学生理解练习的方法，再通过具体的实例让学生自己练习，从而感悟解决问题的方法。

第三，重视练习后反思。练习后要引导学生自我检查、自我反思，总结解决问题的基本思路和基本方法，查找解题的关键点、易错点，思考多种方法解题，尽量做到"一题多解、一题多变"，提升学生发散性思维、创造性思维能力。

第二节　中学物理课堂教学的过程与手段

一、中学物理课堂教学的过程

中学物理是中学课程内容的重要组成部分，物理教学对完成中学教学任务具有举足轻重的作用,我国目前的中学教育包括初级中学教育和高级中学教育。

初级中学教育属于普通教育中的义务教育阶段,所有适龄少年都必须接受初级中学教育,以便形成合格公民必须具备的基本素质;高级中学教育是义务教育分流后进一步打好基础的普通教育,通过这一阶段的教育,在全面提高素质的同时发展学生的健康个性和特长。随着我国教育事业的发展,目前我国正在大力发展并逐步推进普及高级中学教育,即我国中学教育的性质是基础教育。中学教育的基本任务是提高全民族的素质,培养有理想、有道德、有文化、有纪律的社会主义公民,并为培养德、智、体、美、劳全面发展的现代化建设需要的各级各类人才奠定基础。

物理学研究自然界中的物理现象,是以实验为基础的一门学科。同时,物理学是一门定量的科学,具有严密的逻辑体系和独特的思维方式。物理学从它的早期萌芽到近代发展,不断应用创新,丰富了科学研究方法,形成了一整套科学研究方法体系。

中学生处于人生发展的一个特定阶段,其生理和心理发展有其独特性。这种独特性也决定了中学生的认识特征、发展特征和人格形成特征。因此,在确立中学物理教学目的和任务时必须考虑到这一重要因素。这一阶段,学生的生理和心理发展都比较快,是形成健康的体魄,良好的心理素质,正确的世界观、人生观的重要时期。因此,中学物理教学也是培养学生能力、发展学生智力的重要阶段。

(一)中学物理教学过程

从认识论的观点分析,中学物理教学过程本质上是一个认识过程,是学生个体与物理环境相互作用并认识物理世界的过程,学生的认知主要表现为观察和实验。在这个过程中,学生要经历一个对物理学从未知到已知的认识活动。它与人类的认识过程本质上有某些方面的一致性,主要表现为该认识也经历了从感性认识上升到理性认识、从理性认识到实践的一个不断循环和反复的过程。

教学过程是一种特殊的认识过程,特殊在是学生个体的认识。它与一般的认识过程相比具有以下特点:

第一,认识对象特殊。人类的认识对象是自然界存在的、对人类而言未知的物理现象;教学过程的认识对象对学生而言是未知的,而对人类而言是已知的物理现象,是教师指导下进行的一种认识过程。

第二,认识目的特殊。人类的认识目的是发现未知,具有创造性;教学过程中的认识是为了让学生学习人类已知的物理知识,并促进其全面发展,该认识过程具有教育性。

第三,认识方式特殊。人类的认识是人类群体对未知物理现象的不断探索,认识的结果是科学家群体的直接经验;物理教学过程中的认识是在学校环境中,在教师的指导下,有目的、有计划进行的,认识的结果是学生个体获得间接经验,掌握人类已形成的物理知识。

对于物理教学过程的研究,除了以教学过程的一般理论为指导外,还必须结合物理学科自身的特殊性来加以认识和阐述。

1. 特殊内容——物理文化

物理概念教学以掌握规律为中心,知识间具有逻辑性,有定量表述与定性分析相结合的特点。

学习及研究物理学科理论的主体运用的是逻辑。逻辑主要包括概念、判断、推理等。概念是用事物的本质属性来代表事物,是反映事物本质属性的一种思维。例如,初中物理中力的定义是:物体对物体的作用。这个定义中,前一个"物体"是施力者,后一个"物体"是受力者,而力是一种"作用",它隐含着"受力物体可能因此发生形变或运动状态的改变",从而揭示了力这个概念的内涵。判断中有比较和分类。研究一个物理过程,要考虑它的逆过程,即从正、反两方面研究物理过程。有的物理过程不是可逆的,但逆向思维常导致对可逆过程及规律的发现。

定量以数学方法为重要手段。物理概念的形成、物理规律的掌握离不开数学方法和数学思维,学生分析和解决物理问题能力的培养更离不开数学。在教学过程中,必须注意逐步使物理概念与数学运算相结合,定性分析与定量计算相结合。

2. 教学目的是提升学生科学素养

教学过程是培养学生全面、和谐、健康发展的过程。教学要面向全体学生,不仅要指导学生学习物理知识,而且要培养学生的思维能力、想象能力和创新能力等,还要在教育教学中渗透情感教育,使学生在心智发展的同时,磨砺意志,提高人文素养,使不同层次的学生都得到全面的发展。

中学物理课程标准中已经明确规定中学物理的课程总目标旨在提升学生的科学素养,从三个维度详细阐述了中学物理课程目标,这是不同于其他学科培养目的的。当然,这样目的的提出,是结合物理学科特点及在人的发展过程中所发挥的作用之后得出的。

3.采取实验、科学探究等特殊的中学物理教学形式

中学物理课程标准非常重视学生实验能力的培养问题。首先,明确提出了培养学生实验能力的要求,要求学生知道实验目的和条件、制定实验方案、尝试选择实验方法及所需的实验装置和器材、考虑实验的变量及控制方法。其次,要求学生动手做好实验并重视收集实验数据,要充分体现学生的自主性和时代特征。例如,学生应学会阅读仪器说明书,按照说明书的要求使用仪器。又如,要求学生用多种方式收集实验数据,把信息技术应用在实验教学过程中。最后,要求物理教师做好演示实验,指导并鼓励学生多做一些课外小实验,把所学的知识和技能运用于实际,切实培养学生的实验操作能力,激发并保持学生的探究欲望。

科学探究是物理教学过程最鲜明的特点。物理学是以实验为基础的自然科学,在物理课程各个模块安排了一些典型的科学探究或物理实验。开展科学探究是中学物理课程标准提出的要求,也是物理教学过程发生较大变化的一个方面。中学物理课程标准对过程与方法提出了明确的要求,科学探究活动成为贯穿于物理教学方方面面的一个非常重要的教学内容。

(二)中学物理教学过程的规律性

研究物理教学过程,其目的是要认识物理教学过程的规律性,从而为确定物理教学目的、选择物理教学内容、编写物理教材、制定物理教学原则等诸多方面的工作提供理论依据。

在物理教学过程中,涉及多个因素,如教师、学生、物理教学内容、教学媒体、教学环境等。但是,影响物理教学过程最基本、最主要的因素是学生、教师和物理教学内容。在教学过程中,物理世界是师生认识的对象,学生、教师都要和物理世界发生作用,同时学生与学生、学生与教师之间也在不断作用,此时相互作用的各方都是有主观能动性的人,是一种人与人的作用。教学规律就是指教学过程的规律性,即教师、学生、

教学内容三者之间的关系。

物理教学的目的,就是要使学生学习、掌握物理学知识,进而促进其发展。物理教学的最终效果是通过学生来体现的,物理教学的质量高低主要反映为学生在物理教学中是否得到充分发展,是否掌握了物理学的知识与技能,提高了科学素养,形成了正确的人生观、价值观和世界观。对学生而言,学习物理知识是一个从未知到已知、从知之较少到知之较多的转化过程,其实质就是认识过程。实现这一目的主要是靠学生主体与物理客体的相互作用。学生的主体作用是"内因""依据",学生学习是一个复杂而有规律的认识过程,这是要通过学生的主观能动性来完成的。学生主体发挥积极的能动作用是关键。

因此,需要发挥教师的主导作用——传道、授业、解惑。具体地说,就是教师在教学中要为学生创设一个以学生为主体的物理学习情境,使学生在物理情境中通过自己动手、动口、动脑等活动充分发挥主体的能动性,学习物理知识,使学生受到全面、系统的物理基本训练,培养学生的科学态度,使学生掌握科学方法和技能。对物理环境从感性认识上升到理性认识的关键在于对感性材料的思维加工,只有通过思维加工,才能认识现象的物理本质。因此,物理教学中一定要突出物理思维的作用,把学生思维能力的培养放在突出地位(导引、点拨、启发)。

中学物理教学过程是以物理知识为载体,通过师生、生生之间的多方互动形成的教师教物理和学生学物理的过程。在教学场景中,每个参与教学活动的师生在某一时间都会形成一定的角色。要使课堂焕发出生命的活力,师生交往时应该遵循相互平等、相互理解、相互融通的基本原则与要求,要充分理解学生是成长中的人,具有认识物理世界的巨大潜力,学生参与物理教学的目的是认识物理世界,学习前人创造和积累的物理知识和间接经验,促进学生个体的素质提高和全面发展。

教学过程实施前,学生对将要学习的物理内容还处在未知状态,而教师先于学生接受教育,不仅掌握一门或几门专业知识,而且懂得教育科学,了解学生的心理特点。在实施教学过程中,作为"先知"的教师,就要充分发挥"引路人"的作用,通过课堂教学或个别讲授等形式指导学生经过学习和探索,以最快的速度、最有效的方法获得新知,得到发展;而学生就要理解教师,勤奋学习,充分发挥学习的主观能动性,主动参与物理教学过程,变"要我学"为"我要学"。在物理学习过程中,要勇于实践、探索、认真观察自然界中的物理现象,动手、动脑做相关的物理实验,勤于思考,认真分析物理现象,总结规律,善于交流,经常与教师和同学交流对物理内容的理解,在交流中表达学习感受。

总之,中学物理教学过程中的规律性,是其固有的客观属性。它是在实施教学时必然表现出来的现象,只要有中学物理教学,这一现象必然出现,它不以人的主观意志而转移。

教学是为了学生的发展,要最大限度地促进学生智力因素、非智力因素的发展。为了有效促进学生的发展,教师要了解学生的发展现状及心理特点,研究学生的发展水平和心理特点,教学要符合学生的发展现状,重视物理学思想和物理学方法的教学,把物理知识作为人类认识物理的过程来教。

二、中学物理课堂教学的手段

(一)中学物理传统教学手段

随着科学技术和教育的发展,教学手段不断更新变化,现代化教学手段是与传统教学手段相对而言的。中学物理传统教学手段主要是指教材、板书、实物、模型、示教板等直观教具和教师的语言等。这些传统的教学手段在教育的漫长历史过程中发挥过重要的作用,并且在今后很长的时间内将继续发挥重要作用。

1. 中学教学中的文字语言

中学物理教学中的文字语言主要有:文字和书籍、印刷教材、板书与板画。文字体系与印刷书籍为文教事业的发展创造了极其有利的条件。

(1)教材。

教材是根据教学大纲(或课标)编写的,是教和学的主要依据,也是主要的教学手段。通常包括课程标准、物理教科书及各种参考资料,它们是学生获得物理教学信息的主要来源。这些教材用文字详尽阐明具体或抽象的物理内容;通过科学的安排,既可以作为课堂用教科书也适应于自学者;携带方便,可以随时翻阅,帮助学生理解教师课堂讲授的内容;造价低廉,便于大批量生产。因此,教材在物理教学中的地位是不可替代的。

文字教材的特点有:第一,它不受教学时间限制,把教学信息长久地储存起来,供当时和后世的人们学习。第二,它不受教学课堂空间限制,把教学信息广泛地传播开去,供各地的人们学习,扩大了教学规模。第三,便于自学。能根据个人需要,通过阅读来掌握知识,学生具有一定的自主性,从而摆脱了被动听讲的服从性。第四,形象性不足。教科书主要以抽象概念反映客观事物和过程,具体、生动的描述不可能很多、很形象,所以与学生对客体的实际感受有一定差距。

从形式上看,物理教材运用了三种语言:文字语言、数学语言、图像。一图抵千字,教学中要引导学生学会看懂三种语言表达,并学会将这三种语言表达方式互译。

从内容结构上看,物理教材总体说来以概念和规律为中心内容,包括概念和规律的引入、概念和规律的论证、概念和规律的应用。

(2)板书。

板书是物理教学中最主要的辅助工具之一。好的板书是撬开学生智慧门户的杠杆,是知识的凝练和浓缩。在课堂教学方式下,按照教师教学的需要,同步呈现有关的物理概念、定理、公式推导或练习。板书在教学中的作用是使学生对所学的内容有较为深刻的印象,帮助学生理解教学内容,有利于学生抓住教学重点,记好课堂笔记,便于学生课后复习。

2. 实物和模型

为了弥补纯文字手段传递教学信息偏于抽象化、概念化的弊病,人们在教学中采用了大量的直观教具辅助文字教学。在物理教学中采用的直观教具多属自然状态或生活中的实物,以支持学生理解某些物理知识。日常教学中的粉笔、黑板、模型等都属于直观教具。当事物难以得到或不易观察时就要采用模型,如分子结构、行星模型等。在物理教学中还采用模型以突出主要因素,此时模型又成为一种理想化的方法,如单摆、刚体等。在物理教学中由于观察和实验的存在,实物和模型的作用不像在生物学、医学等学科中显得那么重要。

(二)中学物理现代化教学手段

幻灯、投影、电影、电视、录像、电子计算机等都属于现代教学手段,即电化教学手段。所有的电化教学手段都包括两大部分:硬件(如幻灯机、投影仪、电影机、电视机、录像机和计算机等)和软件(也称电教教材,如幻灯片、投影片、电影片、录像带、光盘、电脑课件和计算机程序等)。随着科学技术的发展,电化教学手段在教学中发挥着越来越重要的作用。不同于传统教学,现代化教学多在多媒体教室进行。

1.视听教学媒体

视听教学媒体一般指光学投影设备和音像媒体,如收音机、录音机、投影仪、幻灯机、电影机、电视机、录像机等电子媒体及计算机。这些媒体以视听两个通道同时传递信息,对实物或语言进行选择、加工、复制和储存,传播的信息形象逼真,突出表现事物的主要局部特征,通过播放来传递教学所需的声音和图像信息。

(1)幻灯机和投影仪。

幻灯机和投影仪是在物理教学中广泛使用的现代教学手段。它们放映的画面大而清晰,展示事物的细节,视觉效果好。幻灯机和投影仪能展示一些简明的物理原理及色彩鲜明而真实的图像,例如人造卫星、航天飞机、蘑菇云等,能适应较大的班级教学。幻灯和投影教学可以根据物理内容的特点和学生的接受情况,随时控制放映时间、节奏和次数。幻灯片在放映时需要改变教室的亮度和教师的位置,以防影响到学生做笔记和教师的讲课习惯。投影在使用时室内不用遮光,在放映时师生都可以书写、阅读,甚至做物理实验;教师在教学中可以像使用黑板一样,在透明胶片上写字或画图,可以将胶片上的内容作为永久性的东西保存下来,也可以擦去再写。反射式投影器上还能放大显示一些实物或模具,能在离银幕很短的距离内放映出大而清晰的图像;与幻灯相比,其操作更简便,投影片也更易于制作。

(2)电视机和录像机。

电视机与录像机可以真实地伴随相应的音响再现动态的某事物,为学习者提供极其生动、具体的事物形象。同时特技摄影的运用,使事物的自然动态变为快速活动或慢速活动,可在有限的时间内看到很长一段时间里发生的事情。与电子显微镜配合使用,能拍到肉眼无法看到的微观世界;与天文望远镜配合使用,能观察浩瀚的宇宙。将复杂的物理内容借助电视动画制作,简明地表现出来,如原子的模型、分子的运动、核裂变和核聚变的过程等;电视教材一旦制作完成便可重复使用,也能大量复制,还可通过闭路电视系统或无线发射进行大面积或远距离教学。

（3）多媒体计算机。

目前物理教学中最活跃、最具发展潜力的手段就是多媒体计算机。20 世纪 80 年代中期，计算机辅助教学（CAI）作为集中教学的补充开始被运用到物理教学中。根据自身的学习进度和知识水平，学生可通过计算机程序选择自己要学的物理内容和学习进度、各种各样的物理知识和参考资料、大量的练习题。并且它可以及时反馈学生在物理学习中存在的问题，帮助学生巩固已有物理知识或提高学生解决问题的能力。当学生在物理学习中遇到困难时，计算机能根据情况给予提示或提供更详细的例证，以帮助学生理解有关的物理内容。

综上所述，视听教学媒体具有下列特点：第一，扩大教学规模。如果利用有线或无线广播、电视，特别是卫星转播电视上课，一个教师可以"面对"无数学生上课，可以使不同地方的不同学生接受同一内容的知识。第二，将人类对问题的认知范围延伸。利用视听媒体，我们可以听到自然状态下听不到的声音，看到自然状态下看不到的图像，比如，将用天文望远镜观测到的天体运动和用电子显微镜观测的布朗运动经信号转换和处理后记录下来，通过图像和电视在课堂上播放，就能使学生的视觉延伸到宏观和微观领域，使缓慢的布朗运动在短时间内就展现出来。第三，对问题的认知具有形象性和抽象性相结合的特点。用幻灯、投影、影视等图像符号去表现教学内容，形象、生动，而且可以长期保存，重复使用。用它们来揭示一些复杂的图像、历史资料和其他物理真实现象的图片是很优越的，在制作软件时如果加上一些特技的手段可以使图产生变化，产生动态感，可更好地引导学生观察，提高学生的学习兴趣。但视听媒体也有一定的抽象性。在生动、直观的演示之后，详细的图解、文字说明就具有抽象性；形象与抽象的合理结合能轻松解决教师难说清、学生难理解的教学重点难点。第四，即时性和可重复性相结合。无线广播和电视与面对面的信息沟通一样，具有传播的即时性。而大多数视听媒体都能重放，具有重复使用的功能。使用现代多媒体教学手段还可以强化教学信息，激发学生的兴趣，培养学生主动寻找并观察周围物理现象的良好习惯。

2. 多媒体网络教学

多媒体网络教学媒体是一种全新的媒体。它具有以下特性：

第一，集成性。多媒体的数字化技术不仅把幻灯机、投影仪、录音机、电影机、电视机等多种媒体功能集于一身，而且使文本、图形、图像、声音、动画、影像等时空元素通过对象链接与嵌入（OLE，Object Linking and Embedding）技术融于一体。在电视这种媒体中，声音与图像的频谱是分开的，记录的磁迹是各自独立的，不能通过图像来控制声音，也不能通过声音来控制图像。在多媒体电脑中，可通过热区、热字、热对象、图标、向导、模板、搜索器等多种界面交互方式，实现各种媒体单元的可视化与任意链接和控制。

第二，非线性。以往的书籍、幻灯机、投影机、录音机、电影机、电视机等媒体，其知识信息单元往往是事先编制好的、封闭的、固化的、连续的、线性排列的，传播时只能按预定顺序单向传输；媒体只能作为信息源（信息的提供者），不能理解和接收学生的反馈信息。多媒体计算机网络中的知识信息单元不是线性排列的，而是由节点和链组成的非线性网状结构。学习者可根据自己的学习需要和能力选择下一步的学习去向，而不必与他人相同。

第三，交互性。在多媒体计算机与人之间的信息传播中，可以通过人机对话进行双向乃至多向的信息交互；传播者与受播者的角色具有可随机互换性。计算机可扮演多种角色：可作为学生的"导师"，对学生的学习提供智能辅导；可作为学生的"同学"，进行协作学习或竞争学习；可作为学习工具，听从学生指挥，完成某一学习任务。

在利用现代化教学手段时，要从地区、学校、教师和学生的实际情况出发，并考虑成本、优越性等各方面的因素，使现代化教学手段和传统的手段相结合，提高教学质量。

3. 中学物理教学手段的应用

随着教育技术的发展，在中学物理教学中使用的教学手段也越来越丰富。20世纪90年代以来，多媒体技术、网络技术和通信技术的发展，使计算机在物理教学中的应用也达到一个新的水平。教师、学生利用网络资源，收集到第一手的物理资料信息，打破了物理课堂和真实世界的界限，有利于教师之间和学习者之间相互协作、相互交流、相互比较、学习与竞争；多媒体网络也提供了制作和传播多媒体物理材料的更便捷方式。目前全国中小学校园网的建设已初具规模，信息技术课程也逐步正规化，多媒体网络会在物理教学中发挥越来越显著的作用。

现代化教学手段的发展和应用，扩大了教育信息，为学生提供了丰富的感性材料。在中学物理教学中使用以上几种教学手段,有利于激发学生学习兴趣,提高教学效率,促进学生能力的发展和能力的培养。现代化教学手段虽然具有较大的优越性,但是不能完全取代传统教学手段。在物理教学中要综合考虑教学、学生、媒体资源和经济成本等这几方面的因素,选择合适的教学手段。

第一,物理教学内容。不同的媒体对于要达到的教学目标有不同的作用。

第二,要考虑学习者的年龄、生理和认知特点。在初中物理教学阶段,多一些生动、具体的演示和模拟是极有必要的,这就应采用录像机和计算机等媒体。

第三,在物理教学中采用教学媒体,还要考虑媒体自身的特点及媒体资源的拥有情况。媒体资源包括现有的有关硬件和相应的教学软件;鉴于媒体自身的特点,要考虑媒体在呈现有关物理信息方面的属性能否满足物理教学需要,如图像是否逼真或简洁,是动态还是静态,有无声音,声音与图像或文字之间的配合,媒体的可控性、可重复性及操作的难易程度等。

第四,还要考虑媒体使用的经济因素。在物理教学中,如果待选的几种媒体都能达到近似的教学效果,教师应选代价小的媒体方式上课。要考虑多种因素,对各种教学手段进行选择和优化组合,以求达到最好的教学效果。

第三节　中学物理课堂教学的模式

建立物理学科的"教学模式"是为了解决教学中存在的种种问题。研究教育模式,既有科学方法论上的根据,同时也是教育理论和实践发展的需要。在教育改革的实验中,许多情况都归结为研究现有的教育模式,创造新的教育模式。一种行之有效的教育模式,会有较大的推广价值。

一、有关物理概念教学的模式

（一）"演示实验－归纳"模式

基本特点：教师带领学生学习如何观察实验，如何分析影响实验结果的各种因素，如何归纳出概念的基本特征，以获得新概念。

模式依据：物理科学是一门建立在实验基础上的定量的科学，学生学习物理概念，当然也应该学会将实验观察作为基础，从中获得生动的感性材料，并学会从这些感性材料中将概念的特征抽象出来，得到概念。生动形象的实验，还能激发学生学习的兴趣，这是建构一个好的学习环境所必需的。从实验现象中归纳事物的特征，找到物理现象的规律性的东西，形成概念，以此发展对客观世界的认识，是物理科学发展的基本方法。

（二）"理想实验－探究"模式

基本特点：通过在真实实验基础上抽象出来的理想实验，探究物理现象的本质，建立起新的物理概念。此模式对培养学生的物理直觉、逻辑思维、分析归纳能力有很好的作用。

模式依据：物理科学体系是通过大量观察和实验建立起来的，但是不能认为根据观察和实验得到的直接经验就能解决概念获得的一切问题，直接经验中有许多非本质的或非决定性的东西在干扰我们的分析、归纳，还必须经过一番"去粗取精，去伪存真"的改造，也就是将实际实验转化为"理想实验"，方能抓住物理现象本质性的东西，获得正确的概念。在研究物理现象的过程中，在实际实验的基础上，排除实际实验中影响物理过程的诸多次要因素后实现"理想实验"，通过理想实验分析物理现象，归纳出事物的更本质的东西，以此获得新的物理概念，这是过去科学家在探究新的事物、建构物理概念的过程中形成的一种重要的科学方法。

（三）概念的人文模式

基本特点：通过对科学史史料的运用，带领学生了解一个物理概念的建立过程，理解有关概念的深刻内涵和特点，从而掌握这个概念。此模式能让学生感受知识的形成过程，了解科学家劳动的艰辛，理解正确的科学观念和方法,同时可以提高学生学习物理的兴趣。

模式依据:物理概念是物理学家早已建立起来的,学生学习物理概念不可能像当初物理学家那样去经历那么多的坎坷和挫折,但为了帮助他们建立科学的世界观和方法论,把一些科学史告诉他们,却是很必要的。

二、有关物理规律教学的模式

（一）实验探究模式

模式特点:学生通过自己动手操作实验,观察实验现象和实际测量,探索出物理规律。这样不仅可以充分调动学生的学习积极性,还可以培养学生的实验操作能力和问题研究能力。

模式依据:物理学是一门实验科学,物理学中的发现和理论的建立都离不开实验。同时,实验也是检验物理知识的标准。

（二）实验归纳模式

模式特点:通过演示实验,教师将测量的过程展示给学生;学生观察实验现象,通过教师的启发和分析归纳得出掌握物理规律的方法。对中学物理中的学生独立完成有困难的某些课题可以采用这一模式。在实施过程中,教师要充分调动学生积极思维,尽可能地使学生的思维能力有所提高。

模式依据:实验是发现、验证规律的基础,但是必须通过分析归纳实验得到的数据或结果才能获得规律。

同实验探究模式类似,教师仍然要从实际的问题入手,向学生提出由实验归纳物理规律的内容和基本方法,指明学生应观察的对象。同时要启发学生注意观察教师是怎样从实验的现象和测量的数据中归纳物理规律的。

三、有关物理实验教学的模式

（一）"发现－理解"模式

模式特点:学生通过对实验现象的观察,发现事实并有所感知、感悟,通过归纳发现事实的共同点,经过抽象、概括,总结出物理规律。

模式依据：发现来源于观察，观察就一定有现象感知，在感知过程中人们总是同时在解释现象。虽然每个学生都在观察同一个实验现象，但由于学生的经验、认知能力、知识水平的不同，每个学生所感悟到的"内容"也不同。让学生把看到的都说出来，找到在各自观察中所发现的主要方面和共同点，经过分析达到正确、一致的理解。

（二）"应用－操作"模式

模式特点：根据要求或命题，应用基本仪器的操作和使用技能，由相应的物理规律确定实验原理，再依据实验原理设计实验方案，安排实验步骤，应用实验仪器、设备和学到的物理实验的基本技能，进行实际测量操作。使学生的知识与技能紧密结合，培养学生实验研究学习能力。

模式依据：学生的物理实验能力必须通过不断地进行实验，特别是通过测量操作训练，才能获得发展和提高。

四、有关物理习题教学的模式

（一）"讨论－引导式"习题教学模式

模式特点：在教师的指导下，针对一定的问题情境，学生之间、师生之间以讨论、答辩的方式进行习题教学。此模式能为学生创设一个生动活泼、民主和谐的学习氛围，让师生积极思维，通过师生、学生间的交流与沟通，实现知识的反馈和矫正，培养学生的交流与沟通能力、分析与解决问题的能力。

模式依据：师生平等，才有真正的交流讨论，在教师的积极引导下，讨论才更加有效。在讨论与交流中，学生的交流与沟通能力、分析与解决问题的能力才能获得提高。

（二）"竞赛－讨论式"习题教学模式

模式特点：教师结合学生实际能力水平，精心设计一组习题进行组织教学的一种形式，从多角度、多侧面了解学生对相关概念、规律的理解和掌握的情况，特别适用于习题课和新授课后的概念、规律的简单应用。此模式以小组为单位进行讨论或辩论，并且在教师的鼓励性评价下每个学生都能有表现自我的机会和可能，从而可以调动全体学生的学习积极性,培养学生团结、协作的团队精神。

模式依据:通过把学生分组,而后以竞赛和讨论形式教学,可以极大地刺激学生积极思维、积极参与活动,并从中获得成就感。

五、有关物理研究性学习教学模式

(一)"问题-探究-实验"模式

模式特点:这类活动以提供或发现的问题为背景,引导学生主动探究。从学科和生活中选择或设计具有实践性的研究课题,让学生采用类似于科学研究的方法主动探究、发现、获取知识,目标是让学生获得亲身参与研究探索的体验,培养发现问题和解决问题的能力,培养收集、分析和利用信息的能力,学会分享与合作,培育科学态度和科学道德。

模式依据:依据教育部要求,学生必须在教师的指导下开展研究性学习,从自然、社会和生活中选择和确定研究专题,并按一定步骤和要求,在研究过程中主动地获取知识,应用知识解决问题。

(二)"课题-猜想-实验-推理"模式

模式特点:研究的课题是生活、生产中常见的与物理有关的现象或遇到的问题,对产生的原因或将出现的结果进行猜想,对如何验证自己的猜想设计实验,进行实验验证,或进行实验探究,或根据学过的知识进行理论推理、说明验证。

模式依据:发展学生的科学素养离不开科学的学习过程。科学的核心是探究,教育的重要目标是促进学生的发展。在物理教学活动过程中,应给学生提供充分的科学探究机会,让学生通过手脑并用的探究活动,体验探究过程的曲折和乐趣,学习科学方法,发展科学探究所需要的能力并增进对科学探究的理解。

研究过程:

(1)提出问题。要求学生有选择地从最熟悉、最简单的问题开始尝试研究性学习,尽量选择和学生的知识水平、能力及现有的研究条件相符合的问题,课题的研究范围不要太大。

(2)猜想与假设。对该问题出现的可能原因及结果进行猜想或假设。指导学生可以根据自身的生活经验、已有知识的启发、亲身的感受或一时的灵感进行各种猜想,并与其他同学进行交流、研讨。种种猜想是否正确有待于理论或实验的验证。

（3）设计研究方案。设计研究方案,制定具体的操作细则、实验步骤。在制定操作细则或实验步骤时,要运用已有的知识和生活经验来分步设计方案。设计方案可以从研究方法、时间顺序、资料查找、可能出现的问题等方面进行考虑。对于形成的初步方案,应在教师的参与下,在一定的范围内(班内或年级内)进行交流、论证,进而完成对方案的评估和完善。

（4）实施研究方案。具体要求学生:学习必要的理论知识,查阅有关资料;实际做实验时,应记录实验现象、数据及图表,进行理论分析、论证;同时在实验过程中发扬团结合作的精神,充分发挥群体的意识和力量,共同完成研究任务。

（5）得出研究结果,写出研究报告。学生将研究成果进行归纳整理、总结提炼,形成书面材料和口头报告材料。成果的表达方式提倡多样化,除了按一定要求撰写实验报告、调查报告以外,还可以采取辩论会、研讨会、出展板墙报、编刊物(包括电子刊物)等方式。

（6）交流与评估。研究报告完成后,应组织学生进行汇报和交流,让学生们分享彼此的成果。同时,在交流、研讨中,也让学生学会欣赏和发现他人的优点,学会理解和宽容,学会客观地分析和辩证地思考,敢于发表自己的观点和看法。

六、有关物理探究式教学模式

模式特点:通过经历与科学工作者进行科学探究时的相似过程,学习物理知识和技能,体验科学探究的乐趣,学习科学思维方法,领悟科学思想和精神。

模式依据:教育部于 2001 年 6 月颁发《基础教育课程改革纲要(试行)》,提出理科课程的目标是培养学生的科学素质,而科学素质不仅包括科学知识,而且还应包括各种科学能力和科学态度、情感和价值观。要培养、提高学生的科学素质,探究能力是核心,因而提出探究式教学模式。

经过中学物理教学的理论与实践探索,探究式教学方法被越来越多的教师所掌握,成为中学物理教学的重要方法。

（一）探究式教学的含义

1. 探究式教学的概念

探究式教学是指学生通过有指导的或完全自主的探究活动,以获取知识、培养能力和形成价值观的活动过程。这些探究活动包括观察、提出问题、猜测、假定、制订探究计划、实验、论证、评价、交流等。从另一个角度讲,探究学习反映了一种学习观和教学思想。这种探究的学习观和教学思想认为,科学探究能力培养是科学教育的重要的目的之一,科学探究也是科学教育的重要的学习内容和学习方式。[①]

2. 探究式教学的特点

探究式教学是一种集探究教学思想、探究教学活动和形式于一体的教学方法。它与接受性方法不同,主要有直接性、问题性和探究性的特点。

（1）直接性。

就学生的学而言,探究式教学是一种直接经验的学习。它与以教师呈现知识为主的接受性学习相比,学生主要不是通过教材或教师的呈现来理解、记忆、巩固知识,而是要经历与前人尤其是科学家相似的研究过程,形成概念和发现规律。这种探究性学习具有获得直接经验的特点。在这个过程中,学生要经历提出问题、猜想与假设、制订计划与设计实验、实施实验与搜集证据、分析论证、评估、交流等探究过程(或部分过程),获得对知识的理解,经历科学过程,体验科学方法,形成对科学的情感态度与价值观。从教师教的角度讲,虽然学生的探究离不开教师的指导,但教师只是作为协助者为学生的探究提供必要的资源和指导,以保证探究教学的顺利进行。

（2）问题性。

探究式教学是围绕问题而展开的,没有问题就没有疑惑,也就没有探究。物理探究式教学中"问题"的提出,离不开观察、实验、思维。物理是一门以实验为基础的自然科学,实验是中学物理教学内容的重要组成部分。物理实验离不开观察,实验过程中产生的各种物理现象和物理事实都是学生通过观察来认识的。同时,观察和实验离不开思维,三者始终是联系在一起的。物理探究式教学中的"问题"的产生也离不开观

[①] 朱铁成.物理课程与教学研究[M].杭州:浙江大学出版社,2008.

察、实验和思维。但这里的问题属于"科学型问题"。所谓科学型问题，是指源于观察、事实、疑惑，并在与已有知识背景的比较中产生的问题，是有所知又有所不知的问题。这样的问题与真实的科学问题相似，有一定的难度，但又在学生"最近发展区"内，学生能够对其进行探究与实证。探究教学活动的过程实质上也是围绕问题进行猜想、假设、计划、实验、收集证据、分析论证、评估、交流等一系列的活动，可以讲，没有问题就没有探究教学。

（3）探究性。

探究式教学的探究性特点是由科学探究的本质所决定的。探究式教学不是把探究的问题、探究的方法、探究的过程和结论直接告诉学生，而是让学生通过各种各样的尝试、猜测、假设、论证、评价、修改、交流等探索性活动自己得出结论，从而体验知识得出的过程，培养科学探究的能力和科学态度与价值观。探究学习虽然离不开教师的指导，但相对于接受性学习而言，在探究学习过程中，学生有较高的自主性，从而突出了学生在学习活动中的探究性。根据活动的难易程度及学生的能力和知识水平，探究学习可以有不同方式的探究活动，有的可以是学生经历提出问题、猜想、假设、计划、实验、搜集证据、分析论证、评估、交流全过程的探究学习，有的可以让学生经历其中的部分探究活动，有的也可以有不同程度的探究活动。例如，探究的问题可以是教师通过特殊的问题情境诱导学生提出的，也可以是教师或教材提出的，还可以是学生自己提出的。关于数据的收集，可以引导性地给出部分实验数据，让学生分析并做出解释，也可以让学生通过实验、观察、调查方法收集数据等。但不管是何种方式、何种程度的探究学习，其学习过程中的探究性是一个显著的特点。

（二）物理探究式教学的一般过程

探究式教学的一般过程主要包含如下几个环节。

1. 发现并提出问题

教师根据教学内容的特点、课程标准的要求和学生的实际水平，通过观察、实验、案例分析等特定的环境创设问题情境，由问题情境萌发的问题必须能与学生已有的知识经验相联系，能引发他们探究的兴趣和欲望。例如，光遇到物体会产生什么现象，摩擦力与哪些因素有关，重的物体与轻的物体哪个下落得更快等,这些问题应当让学生在特定的实验和观察环境中自己发现并提出,或者是能够在教师的引导下相对独立地提出。并且,这些问题通过学生的探究活动是能够解决的。

2. 猜想与假设

猜想与假设是一种重要的心智活动。它是针对问题,根据已有的知识经验对问题解决的可能方法、途径和答案的一种尝试。例如,对于"光遇到物体会产生什么现象"这一问题,学生可能会做出光会被物体吸收、光可能会被物体反射回来等猜想与假设。猜想与假设具有或然性,需要进一步的实验验证或其他论证。

3. 制订计划与设计实验

对猜想与假设的验证需要根据研究的具体问题,制订出可行的探究计划,包括探究的目的和已有的条件、探究的对象和变量的定义、探究的过程和具体的方法,以及如何有效搜集信息,等等。一般说来,物理探究式教学以实验为基础,因此需要设计实验,包括实验目的和原理、实验方法及器材、实验变量及其控制等都要做出具体的设计。

4. 进行实验与搜集证据

依据设计的方案进行实验探究是学生获得实证数据的重要途径。在这个过程中,学生要根据实验要求,合理安装实验器材,安全操作实验仪器,对较复杂或没有使用过的仪器,能读懂说明书并正确操作,对实验中出现的故障能及时排除,还要能够根据实验情况调整实验方案。在实验中,能正确操纵实验变量,正确观察实验现象,如实记录实验数据。

除实验之外,探究式教学往往还要通过其他途径和形式,如观察、调查、查找文献等,搜集有价值的证据。

5. 分析与论证

分析与论证是指学生运用分析、比较、综合、归纳等方法,对搜集的证据和实验数据进行处理、解释和描述,并尝试根据实验现象和数据得出结论。在这个过程中,探究者需要将探究的结果与自己已有的知识联系起来,通过论证找到事物的因果关系,形成对问题的科学解释,或提出新的观点和见解。

6.评估

评估是探究式教学不可缺少的环节。它是对探究计划的合理性、实验结果与假设的差异性、证据搜集的周密性、操作过程的科学性等做出判断的过程。如果实验的结论与假设不吻合，则需要在分析原因、吸取教训、总结经验的基础上重新提出假设，或者改进探究方案。

7.合作与交流

合作与交流也是探究式教学的重要环节。一方面，科学探究本身就离不开合作与交流，一个科学问题的探究往往需要在集思广益的合作与交流中完善探究计划，在角色扮演中实现探究的分工；另一方面，同一问题的探究也往往有不同的方法、不同的过程、不同的结论，这时就需要通过交流来识别各个研究方法、研究过程的优劣，来辨别每个研究结论的真伪和是否完备。在交流过程中，参与者不仅可以解释自己探究计划及探究过程形成的见解，还需要认真听取他人的意见，通过对不同观点进行辩论，得到启发，学会尊重他人，从而体验交流与合作的意义。

从理论上讲，物理探究式教学应该包含以上几方面的环节，但具体实施过程中，它既可以是完整的，也可以是灵活的，也就是说，既可以包括以上所有环节的活动，也可以是其中部分环节的活动，即便是活动的顺序也可以变换。

（三）物理探究式教学的形式

在探究式教学过程中，根据问题的难易程度、学生探究能力的强弱和学生知识水平的高低，可以有不同的活动方式。

1.导向性探究式教学

导向性探究式教学，是在教师充分研究学生的认知特点、认知水平和知识结构的基础上，创设问题情境，激发学生的学习兴趣与动机，引导学生提出问题、猜想、假设，通过实验验证或理性分析，发现物理现象、物理概念、物理规律的本质，完成对已有知识和新知识的重组，实现新知识的意义构建。这种引导性的探究学习方式可以较好地克服探究学习费时的缺点，有效地发挥教师的指导作用。同时，由于在提出问题、猜想、假设、设计、实验验证、理性分析、评价、交流的活动中,教师的引导作用可以有不同的程度,学生的自主探究程度也是不同的,因此从具体的教学活动来看,这种探究学习也是非常多样化的。

2. 自主性探究式学习

自主性探究式学习是指学生通过完全自主的探究活动来进行学习的过程。诸如观察、提出问题、猜测、假定、制订探究计划、实验、论证、评价、交流等探究活动都是学生主动地、独立地和自控地完成的。

当然在物理探究式教学中,一般或多或少都离不开教师的作用,完全自主的或完全自由的探究学习是很少的。因此,所谓的自主性也是相对而言的。

七、基于大观念视角的物理教学

(一)何谓大观念

就字面来看,大观念与大概念、大想法、大思想等词语同义,它能让我们联想起诸多远大的抱负。在课程与教学领域,大观念(big idea)则有着特定的内涵。大观念是一种抽象概括,是在事实基础上产生的深层次的、可迁移的观念;是对概念之间关系的表述;具有概括性、抽象性、永恒性、普遍性的特征。大观念不是我们平常所说的基本概念,而是居于学科“核心”的观念;而基本概念只是此术语所暗示的意义——进一步学习的“基础”。

在课程与教学领域,大观念居于学科的中心位置,集中体现学科课程特质的思想或看法。在功能上,大观念有助于设计连续聚焦一致的课程,有助于发生学习迁移;在性质上,大观念具有概括性、永恒性、普遍性、抽象性;在范围上,大观念意指适用较大范围的概念;在表达方式上,大观念有多种表现形式。

(二)为何以大观念为抓手落实核心素养

考虑到大观念所具有的独特属性,它们非常适合于落实核心素养,这至少可以从三个方面做出更为具体的解释。

1.大观念的理解与运用体现出核心素养的本质要求

核心素养的实质要求学生能解决综合性的问题,各门学科成为落实核心素养的重要载体,学科课程目标或学科素养可视为核心素养在学科层面的具体化。在此,有个问题值得深思,即在目标层面上,大观念与核心素养到底是如何发生联结的?

大观念是种观念,其要求未能代表核心素养的要求。但由于其居于学科概念的中心地位,因此从操作的角度看,理解与运用大观念则体现了一门学科比较重要的学习目标,它代表了一门学科课程目标或学科素养的要求,后者恰恰就是核心素养要求在学科层面的体现。从实践的概念观看来,概念并非仅仅是用语言来表达的定义,概念的理解与运用才是我们所欲达到的学习目标。我们对世界的概念性把握,并不只是表现为能构造正确的关于世界的命题,在根本的意义上,它体现在某些形式之中。假如某人自称掌握了一个概念,他必须被认为是一个有能力实施内含该概念的某些既定行动的人。不言而喻,在学科构成中大观念可代表学科核心概念,大观念的理解及在应用大观念解决问题上的表现,体现了学科课程目标的要求。考虑到当今学科素养代表了学科课程目标,因此大观念的理解与运用直接体现了学科素养的要求。这种认识启示我们,可将学生对大观念的理解和应用作为学科素养的表达,而学科素养则是核心素养的集中体现。

2.促进学习迁移的大观念有助于落实核心素养

大观念能有效地组织起学科零碎化的知识与技能,有助于学生的学习超越特定的情境,可应用于各种具体情境中。一旦学生把握了这些大观念,它们将被用于各种情境,问题解决过程中所体现的大观念的学习要求形成了学生必须达成的目标。当学生在思考从学习主题中引出的可迁移观念和问题时,大观念使得思维超越了事实和活动,达到更高的层次。

而核心素养具有很强的概括性,其落实体现在学生解决各类问题之中。这从实质上描述了核心素养所具有的迁移特征与诉求。在这点上,大观念具有得天独厚的优势,因为它们所具备的概括性、永恒性、普遍性、抽象性与核心素养的迁移要求可谓无缝对接。

3. 隐含主要问题的大观念架构起指向核心素养的教学

若使学生理解与运用大观念,教师需要创设并组织相应的学习活动。这些学习活动需要学生通过解决问题的方式来进行。这是因为大观念的理解与运用本身就需要在问题探究中落实。如果某个问题被视为主要问题,必须满足基本条件:对大观念和核心内容引起相关的真实探究;启发深度思考、热烈讨论、持续的探究,以及新的理解和更多的问题;要求学生思考其他的选择、权衡证据、支持自己的概念、证明他们的答案;激发对大观念、对假设,以及对以前的课堂学习进行重要的、持续的重新思考;对之前的学习和个人经验激发有意义的联结;自然而然地重视概念,制造将概念迁移到其他情境和学科的机会。

可见,主要问题的功能是作为入口,通过这个入口学生可以探究关键的概念、主题、理论等,进而深化对大观念的理解。当然,主要问题不仅能引发学生有效理解,而且也是产生有效教学内容的方法。在大观念视角下,主要问题以大观念为路标,促进学生掌握理解与运用大观念所需的多种技能的复杂行为表现。

(三)如何用大观念设计指向核心素养的教学方案

教学方案包括学期或学年课程纲要、单元或模块课程纲要、课时教案。由于课时教案一般很难体现大观念思想,因此运用大观念落实核心素养的教学方案主要指前两者。实际操作时,运用大观念设计指向核心素养的教学方案,离不开如下五项关键行动。

1. 选择核心素养等既有目标

在我国现有条件下,国家层面出台了核心素养、内容标准,而承接核心素养与内容标准的学科素养已定下初步设想,三者为运用大观念设计教学方案提供了既有目标。

2. 从既有目标中确定大观念

尽管我们有时可以从核心素养、学科素养中确定一些大观念,但大观念主要还是来自内容标准。当确定内容标准后,可用四种常见策略来确定大观念。

策略一:寻找内容标准中一再出现的名词或者重要的短语,并将此作为大观念。大观念广泛出现在学科内容标准中,如科学中的有机体、系统、进化、循环、相互作用、能量与物质。

策略二:通过追问的方式确定大观念。

策略三:以配对的方式产生大观念。对内容标准的概念进行配对。

策略四:用归纳的方式获得大观念。有时出现几条内容标准时,可以通过归纳方式寻找大观念。

3.依托大观念形成一致性的目标体系

寻找到大观念后,要确定大观念的学习要求,即学生在理解与运用大观念上有具体的表现。大观念的学习要求反映了学科素养,它们也是核心素养在学科上的反映。然而,大观念的"大"使得它需要将主要问题作为入口来联结具体的教学目标,从而通过教学目标的落实来实现大观念的学习要求。

4.基于大观念的学习要求设计评价方案

为判断大观念学习要求是否落实,需要设计评价方案。

5.围绕主要问题创设与组织学习活动

大观念教学注重学生的能力表现,需要学生通过探究建构自己的知识理解体系。在这方面,需要运用主要问题来组织学习活动。

八、有关现代教育技术与物理课程整合的教学模式

(一)"实验-模拟-强化"模式

模式特点:在演示实验的基础上,用计算机模拟实验现象的物理过程,从而强化学生的表象,促进学生识别实验现象发生及变化的条件,然后再进行抽象概括,形成概念规律或找出物理现象的共同特征。这种模式比演示实验后直接进行抽象概括的效果更好。

模式依据:因为相对于演示实验的发生,学生的观察具有滞后性和被动性,并且实验现象往往很快消失或者不清晰,容易造成大量学生观察困难,难以形成鲜明丰富的表象。利用计算机模拟实验可以有效地解决这一问题,从而优化学生的学习过程。

（二）"边教边实验"模式

模式特点：在实验过程中利用计算机指导学生实验，展示学生的实验结果，并在学生实验的基础上，分析处理数据或者模拟实验过程，然后得出结论。一般适用于需进行定量研究的概念、规律方面的教学。

模式依据：一方面，利用计算机模拟再现物理实验过程和结果，可以使学生更加了解现象的物理过程。另一方面，计算机具有较强的计算功能，可以用来处理实验数据。

九、有关物理项目式教学模式

项目式教学是以学生兴趣为起点，以解决问题为目标，学生通过项目任务分解、制订项目计划、分组合作探究得出结论，并在学习过程中提高自身综合能力的教学模式。

项目式教学作为新型教学模式，相对于传统教学，更加注重学生的主体地位和学习兴趣，能更好地将学习与生活实际相结合，也能够更好地培养学生解决问题的能力和探究能力。想要在教学中顺利开展项目式教学就必须明确项目式教学的设计原则、教学流程和开展方式。

（一）初中物理项目式教学的设计原则

项目式教学作为能够突出学生中心地位的教学模式，应具有"科学性、系统性、实践性、层次性、自主性"五大原则。[①] 根据项目式教学的特征，结合初中物理课程的内容特点，初中物理项目式教学应该遵循主题真实、项目可行、选题趣味、教师指导和持续探究五大原则。

1. 主题真实原则

很多学生认为物理晦涩难学，无法真正地消化物理知识，对于所学知识的掌握往往只停留在理论层面，死记硬背概念规律、生搬硬套应付考试，学得辛苦又乏味。归根结底是因为理论与实际的疏远，所学知识难以与现实联系起来，更不用说应用实践了。项目式教学以杜威的实用

---

① 沈幼其.实施项目教学 深化教学改革[J].浙江工商职业技术学院学报，2002，1（4）：90-92.

主义为基础,"做中学"的理论为指导,意在拉近学习与生活的距离。在真实的情境中学习,学生可以更加深刻地认识所学内容,因此项目的选择应该贴近生活实际,所选的主题即为学生生活中的所见所闻,提供给学生更加真实、轻松的学习环境,实现物理知识从书本向生活的迁移。

2. 项目可行原则

可行性原则主要考虑项目的合理性和具体化。项目的选定应遵循课程标准、学科知识特点及教材内容要求,除此之外更应该符合初中学生的知识储备和认知水平,选定的项目应具有一定难度,但不能超出初中生的能力范围,此为合理性。另外项目主题要明确具体,对于项目任务要有清晰的解释,保证学生对项目任务有正确的认识。这是项目任务进行的前提。项目式教学是有目的的学习,具有合理可行、清晰明确的项目是学习的良好开端。

3. 选题趣味原则

兴趣是最好的教师。通常情况下,学校教学任务重、教学节奏快,教师往往难以顾及学生对学习内容是否感兴趣,学生学得枯燥乏味,稍有难以理解之处,就心生厌倦之感。因此,为了激发学生的求知欲,引起学生学习的兴趣,摆脱生硬平淡的课堂,让学生"好学""乐学",项目选题应考虑学生的情感世界,以教材为本,选择最有趣味性的项目,激发学生的兴趣。比如选定自制"魔盒"项目,激发学生学习"光的反射"及"平面镜成像"等光学知识。

4. 教师指导原则

在项目式教学的课堂中,学生是真正的主角,但这并不意味着将教师变为课堂的"闲置品",前面说到项目的主题应具有一定的挑战性和趣味性,这样所谓的"自由课堂"更加需要教师的精心准备和及时辅导。教师指导原则指的是在项目任务进行的每一环节,教师要时刻关注学生的学习情况,适时予以指导和帮助。项目任务不宜过难,否则学生容易依赖教师指导,主体地位难以体现;反之,若过于简单,学生不需帮助,自己很容易就完成,这样的项目对教学来说意义不大。因此任务难度要适当,学生在教师指导之下完成项目任务,获得知识和技能的增长。

5.持续探究原则

持续探究原则指的是项目所具有的启发性和循环往复性。一方面是体现在项目教学的过程中。项目活动进行时,学生以小组为单位学习探究,在个人积极思考中展开组内讨论。项目的进行和发展是在学生不断反思和纠错中进行的,在探究学习的过程中及时回顾总结,这样的反思意识的养成有利于促进学生日后的继续学习。另一方面在项目学习结束以后,还能引发学生继续深入探究,不论知识上的延伸还是学生自身的反思,都是项目教学的持续探究原则的体现。

(二)初中物理项目式教学的流程

关于项目式教学的流程,在不同领域、不同学科虽略有不同,但教学的一般流程都包括了项目选定、制订计划、活动探究、作品制作、成果交流和活动评价[①],且在每一个环节中,教师和学生都有各自的任务(见表2-1)。

表 2-1　项目式教学的流程

阶段	教学环节	学生活动	教师活动
前期	项目选定	分析项目、认识项目	分析教材、确定主题
	制订计划	厘清任务、初拟设计	合理引导、及时纠错
		组内协调、分配任务	
中期	活动探究	协同合作、实施方案	供给资源、监督指导
	作品制作	完成作品、呈现结果	监督辅助、及时指导
后期	成果交流	分组展示、交流共享	组织活动、交流成果
	活动评价	自评互评、总结反思	评价总结、提出建议

前期的"项目选定"属于项目的准备阶段,包括教师课前精心准备、确定出项目主题和学生认识项目主题,此为教学流程的第一阶段;而"制订计划"是学生在教师的帮助下对完成项目任务提出的方案,是项目式教学的重要环节,任务对象主要是学生,此为教学流程的第二阶

① 刘景福,钟志贤.基于项目的学习(PBL)模式研究[J].外国教育研究,2002,29(11):18-22.

段。中期的"活动探究"和"作品制作"属于学生的操作阶段,合并为"项目活动实施"。后期的"成果交流"和"活动评价"是项目式教学的收尾阶段,有学生和教师共同参与,合并为"项目成果评价"。由此将初中物理项目式教学的流程确定为"项目主题确定—项目任务计划—项目活动实施—项目成果评价"四阶段。下面将对项目式教学流程的每一个环节进行详细说明。

1. 项目主题确定

项目主题的选定需要教师课前仔细周密的考量,应以课程标准、教材内容和学生情况为依据,结合日常生活或是关联科学技术和热点问题,项目任务应承载学科知识的学习和学生素养、能力的培养。还要考虑学生的兴趣和水平,从而确定出可行、有趣且与生活结合紧密的项目。以教材内容为本,结合现实生活和教学实际,选择项目主题,可以实现项目式教学模式与应试教育环境的融合,让改革成果真正落实,改变学生学习方式的同时不影响学习进度。教学改革和创新应该是有根据、切实情的改革,而不是盲目模仿和生搬硬套国外的理论。不过度花费时间、拖慢课程进度的前提下,尽可能为学生提供优质生动且轻松愉快的学习环境,是项目式教学在当下应试教育背景下得以生存的条件。项目主题确立模型如图 2-1 所示。

图 2-1　项目主题确立模型

教师确定项目之后,要向学生讲解项目主题,帮助学生明确项目任务、完成分组和确立组长,为项目的启动做好准备。在分组时,可以考虑三种方式:一是按照学生水平程度分组,教师可以将更多注意力留在能力稍弱的小组,便于因材施教;二是混合分组,组内形成"互助"关系;三是考虑学生意愿,以自愿为原则完成分组。无论哪种分组方式,都要尽可能地排除课堂干扰因素。分组之后,学生组内商讨确定小组长。担任小组长可以提高学生的组织能力、协调能力和人际交往能力,可以由组内成员轮流担任组长职务,让每个成员都有锻炼的机会。

2. 项目任务计划

制订合理的项目计划是项目实施的重要保障,在此环节,小组成员通过讨论,初步提出项目实施方案,明确项目活动的时间安排和具体任务,完成项目计划书。项目任务计划应具有以下几个特点:

(1)包含解决项目问题及项目子问题的方案和计划。如主题为"制作传统杆秤"的项目,就会涉及"杆秤的物理原型是什么""杆秤的工作原理是什么""制作需要什么材料"等需要解决的子问题。这些子问题又形成一个个子项目,需要学生一一解决,通过项目任务驱动,激发学生学习的积极性,去探究学习"杠杆"相关知识。解决了一个个子问题,才能给出项目主题的具体方案。项目计划要详细周密,对于各项任务的内容、时间期限、负责人都要有详尽的安排。

(2)预设项目方案在实施过程中可能潜在的问题,并提出应对方案,防止实施环节因为计划的不完备、不周全而中断。

(3)对于项目方案的实施结果有一定的预设。若是呈现作品的项目,应该大概清楚作品的规格和设计,比如"制作传统杆秤"的项目,就要了解制作的"杆秤"的量程是多少,分度值是多少。若是以汇报形式呈现结果,就应该罗列出汇报内容的大纲。

3. 项目活动实施

此环节是项目的实施环节,也是整个教学过程中的重要环节。学生是实施活动的主角,对项目任务计划中涉及的问题在此环节做出一一解答。通过查阅资料、网上搜集或是课下实地调研等手段,解决问题,并在实施的过程中发现计划中存在的问题和变故,适时地做出调整,因此这也是最考验学生应变能力和解决问题能力等综合能力的环节。

虽然学生是项目式教学的主角,是项目活动的践行者,但是并不代表教师就成了闲人、摆设。在此环节,教师应尽到监督指导的职责,做到三点:一是做学生学习的"辅助者",对项目实施困难的学生进行指导,对难以进行的项目计划做出纠正和调整,帮助学生完成项目实施活动;二是做学生学习的"监督者",检查各组学习进度是否与计划书中的时间相吻合,若发现延误计划的情况,弄清原因,避免由于个人原因(行动力差、纪律问题)拖慢进度;三是做学生学习的"评估者",若是项目过于复杂,在项目实施过程中可以组织一次小组汇报,检查学生的学习进度,分析实施情况,评估问题并及时纠正。

4. 项目成果评价

此环节是项目式教学的尾声,主要包括成果交流和活动评价这两个方面。

(1)成果交流。

项目式教学的成果可分为"显性成果"和"隐性成果"两个方面。

①"显性成果"即项目活动最终完成的"作品",也包括学生通过项目活动学习到的物理学科知识。这些都是看得见或是具体的,被称为显性成果。

②"隐性成果"指的是学生经历项目活动的整个过程之后,学习能力、思维、态度及科学观念等方面的收获。

在此环节,主要展示的是项目活动的"显性成果",教师组织汇报,各组将项目活动的作品成果一一展示,组间交流学习,共享学习成果。项目式教学的项目成果是多样的,不同的项目活动可能产生不同的作品形式,如表2-2所示。不同的作品制作可以带给学生不同的体验:实物制作类的项目成果可以让学生感受"发明家"的快乐和满足,是一种真实具体的学习成果,可以给学生最真切的获得感和成就感;书面报告类作品可以锻炼学生的信息处理能力和组织能力;情景展示类作品可以锻炼学生的口才、文笔绘画等能力,给学生展示自我的机会;多媒体展示类作品可以锻炼学生使用计算机的能力。

表2-2　项目式教学成果类目表

项目作品类别	具体形式举例
实物制作类	模型样品、仪器设备
书面报告类	设计方案、调查报告、手抄报、心得体会
情景展示类	口头汇报、演讲、辩论赛
多媒体展示类	PPT、视频、图表

（2）活动评价。

评价环节也体现了项目式教学相较于传统教学的先进之处，"教—学—评"一体的完整教学过程才能反映出教学活动中教师与学生的不足之处，客观的评价是加以反思和进步的前提。传统教学注重结果性评价，项目式教学更注重形成性评价，各组完成项目作品展示之后，教师组织评价活动。项目式教学活动的评价具有主体多元、方式多样、内容多维三大特点。

①评价主体多元。根据评价对象不同可以分为教师评价和学生评价。教师评价可分为两个方面：一是教师对整个项目活动的课堂进行总结评价；二是教师以组别为单位评价学生表现，表扬、肯定表现优异的小组，鼓励努力进步的小组，以激励更多的学生。学生评价也分为两个方面：一是组内互评，比较组内成员在项目活动过程中的表现，取长补短，各自借鉴；二是学生个人的自我评价，回顾总结，反思不足。

②评价方式多样。结果性评价与形成性评价相结合、教师评价和学生互评自评相结合。知识掌握情况可利用提问、考卷、习题等传统方式检测，此外更应注重形成性评价。另外，提高学生评价在教学评价中的地位，培养学生反思自我的意识。多种评价方式结合使用，对学生的学习情况进行全方位的评价，可以帮助学生加深自我认识、总结自身不足之处。

③评价内容多维。项目式教学注重培养学生的综合能力，评价也应从项目过程的多方面、多维度进行。评价应涵盖知识掌握、课堂表现、技能运用、团队协作、逻辑思维、反思总结等维度，可根据项目活动制作评价量表，为学生自评互评提供参考。

通过对项目式教学流程各个阶段的详述，明确了每个阶段教师和学生的任务，设计出教学流程图（见图2-2）。

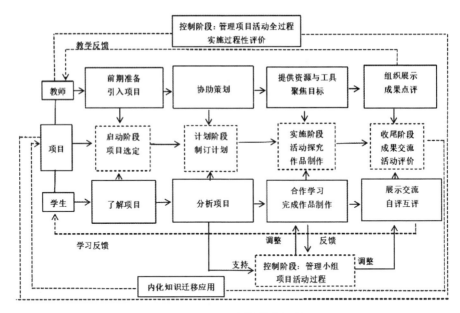

图 2-2　项目式教学流程图

（三）项目式教学融入初中物理教学的三种方式

1.以作品制作承载知识学习

作品制作类项目活动是以项目成果形式为导向定义出来的,顾名思义就是制作出项目主题要求完成的作品,它也是项目活动中最为常见的类型。为了将项目式教学有效融入传统课程,区别于一般制作类的项目活动,下面强调的是以产品制作承载相关的知识点学习的项目。以制作作品为出发点,引发学生学习兴趣;以产品制作为结束,使学生获得具体化的学习成果,加深学生的学习体验。

此类项目主题的确定需要教师的精心准备,保证项目主题涵盖或关联教材中的基础知识,将基础知识学习融入项目活动过程,再利用所学知识制作作品,让学生体验学有所用的成就感。例如,以"制作杆秤"为项目主题,实际上承载的是"杠杆"知识的学习;以制作"简易密度计"贯穿"浮力"知识的学习;通过"自制弹簧测力计"的项目引导学生学习"弹力"的知识;以"制作电路"为由,学习"串并联电路"的知识。

2. 根据教学内容,增加项目活动

初中物理是带学生认识世界的一门基础学科,教材中包含很多概念、规律和原理的内容。对于其中陈述性的知识不适合开展项目式教学,想要在这类课程中渗透项目式教学的理念,可以通过分析教学内容,增加与知识内容相关的小项目,让学生自己探究。学生通过教师讲解认识物理现象、掌握物理概念,通过项目活动过程自主探究、运用知识。传统讲授与项目活动相结合,从而更好地提高学生的探究能力和实践能力。

3. 取材"综合实践活动",开展课下项目

"综合实践活动"是苏科版初中物理教材的特色栏目,设置此板块的意义可表述为"以初中物理知识和能力为基础,通过探究性活动或技术设计与制作活动解决生活中的实际问题,获取并整合经验"[1]。综合实践活动大体可分为探究性活动和设计制作性活动两种类型:设计制作性活动通常以"任务—设计—成品"的思路开展;探究性活动一般以"主题—探究—表达"的流程进行。

教材中"综合实践活动"设置在相关的章节内容之后,目的是让学生运用所学知识探究生活的现象或者制作出相关的作品,锻炼学生探究能力、动手操作和解决问题的能力。这与项目式教学注重知识应用的理念相契合,可见"综合实践活动"是很好的项目题材。但在实际教学中,此板块的内容常常不受重视,其价值没有被充分开发和利用,基于此,取材于"综合实践活动",以"教师课上讲解布置—学生课下完成项目任务—课堂汇报总结"的流程设计并开展项目活动,可以充分开发"综合实践活动"的价值,同时发挥项目式教学的优势,便于更好地培养学生的综合能力。

以上提出了项目式教学融入初中物理教学的三种方式,力图将项目式教学应用于传统物理课堂,虽然提出了简单的设计思路,但具体的教学方案的设计和实施还需要现实情况的支持,应对当下的教学现状加以了解,才能提出更适合的案例设计方案。

---

① 骆波.综合实践活动:用电冰箱研究物态变化现象[J].物理教师,2018,39(9):45.

第三章

中学物理教学设计

　　所谓教学设计，就是对教学进行的分析和策划，即教学设计是针对教学进行的精心计划的活动，其基本出发点是支持并促进学生的学习和发展。教学设计具有以下显著特征：第一，教学设计强调运用系统分析的方法，是教育者和受教育者及教学目标、过程、评价等多方面因素相互作用的产物；第二，教学设计是以学生为中心进行的，强调针对性和灵活性；第三，教学设计是理论和实践相结合的产物，既有一定的理论色彩，又鲜明地指向教学实践，具有较强的操作性。可见，教学设计对传统的备课有继承性，但也是传统备课的一次革命性的进步。

第一节　基于核心素养的物理教学设计概述

一、教学设计的层次

教育系统是整个社会的一个子系统,而教学系统又是教育系统中的一个子系统,它本身也是由许多更小的子系统所组成的,且这些更小的系统也都具有复杂的结构和层次。这里仅从教学的角度粗略地将教学设计系统分为两个层次。

(一)以教学规格为中心的层次——教学规格的设计

教学规格设计层次属于宏观设计层次。教学规格设计一般涉及三个方面:首先,根据社会对人才的需求、人的发展需求等,制定培养目标;其次,根据培养目标做出课程设计;最后,根据各门课程的知识结构及其在整个课程体系中的作用和地位,确定每门课程的课程标准。

(二)以课程教学为中心的层次——课程教学的设计

课程教学设计属于中、微观设计层次。其中,对具体某门课程的某个模块(一级主题)或某个二级主题的教学设计属于中观设计层次,对某节课(或某个知识点)的教学过程(或教学过程中的某个环节,如导入环节、提问环节、板书环节、结课环节等)进行的教学设计属于微观设计层次。这里,不妨将前者称为主题(一级主题或二级主题)教学设计,将后者称为课堂教学设计。

通常,主题教学设计的重点是根据课程标准规定的课程目标(包括总目标和具体目标)和课程内容(内容标准),对该课程某个一级主题(模块)或二级主题的具体内容进行分析,在此基础上设计出该一级主题(模块)或二级主题的学习目标(即教学目标)、提出教学建议等。主题教学设计一般由学科教研组或备课组来完成,也可以由相应的教研机构组织学科教师和学科专家共同完成。

课堂教学设计则是在进一步细化上述学习目标的基础上,有针对性地组织教学内容,选择教学方法、模式和教学媒体等,制定出该节课(或该知识点)教学过程(或教学过程中的某个环节)的实施方案,并在制定和实施教学方案的过程之中、之后做出对教学方案的评价、修改和完善。课堂教学设计一般由任课教师独立完成。

二、物理教学设计的主要环节

对于教学设计主要有哪几个环节的问题,不同的人有不同的看法,但是大家普遍地将分析教学需求、制定教学目标、选择教学策略、开展教学评价等看作教学设计过程的四个基本环节。也就是说教学设计主要是在对需求、目标、策略、评价这四个基本环节之间的相互联系和相互制约进行分析的基础上完成的。

物理教学设计的各项工作之间是有密切联系的。首先,前期分析是教学设计的基础,任何教学设计过程要建立在对学习需要、教学对象、教学内容等方面充分而准确分析的基础上。其次,教学目标就是在前期分析的基础上,明确学生要完成的学习任务,拟定学生要达到的学习目标。而这些教学目标既是教学过程的出发点,也是教学过程的归宿。再次,为了有效达到教学目标,就要对如何选择学习内容和学习方法进行设计,对有助于高效实现学习目标的教学策略进行设计,对学习活动需要的教学手段进行选择。最后,为了保证整个教学设计的有效性,就要根据前期分析和教学目标,对教学设计进行评价并修订,制定出完善的教学设计方案。

三、物理教学设计的类别

根据不同的分类标准,物理教学设计可以划分为不同的类别。

根据教师是个体还是集体参与教学设计,可以分为个体的教学设计与集体的教学设计。个体的教学设计是指教师独立自主地钻研课程标准和教材,分析和了解学生学习水平,选择教法和学法,筹划整个教学进程的活动。集体的教学设计是指教学共同体(主要是教师)就某一学年、某一学期或某一课题共同分析教材,针对学生实际,谋求教学设计的共识。个体教学设计是教学设计的基本形式,有利于发挥个人的主动性和创造性,有利于发挥个人的特长;集体教学设计有利于发挥集体的智慧,有利于相互激发、相互促进、取长补短、共同提高。在中学物理教学设计中,个人教学设计是经常性的,而集体教学设计可以是定期或不定期的,它的范围可大可小,或三两个人,或教研组,或全体教师(学生),甚至是数校教师联合。

根据教学设计使用的对象,可分为教案设计与学案设计。教师设计教案,其目的是在教师主导下引导学生学习,并高效地完成教学任务。虽然对学案有不同的认识,也有不同的做法,但是学案主要关注学生的学习主动性、知识建构的独立性、学习方法和内容的差异性。学案是建立在教案基础上针对学生学习而开发的一种学习方案。它能让学生知道学习的目标,给学生以知情权、参与权,用以指导预习和自学,也可用于课堂教学。学案还是一份很好的学习资料。

根据教学设计规划的时间,可以分为学年教学设计、学期教学设计、单元教学设计和课时教学设计。学年教学设计一般是在学习课程标准、钻研教材和分析学生的基础上,在学年开始前,对本学年的教学目的、教学任务做一个整体的规划。学期教学设计是在一个学期开始前,对本学期的教学目的、教学任务进行全面的筹划和安排,明确教学的任务和范围,从整体上把握教学的进程。单元教学设计是对一个单元的教学工作进行全面的准备。课时教学设计是对一节课准备的方案,要写出课时方案,也就是传统的教案。

根据学习内容的特点,物理教学设计可以分为概念课的设计、规律课的设计、实验课的设计、练习课的设计、复习课的设计等。

第二节 物理教学目标设计

教学目标就是教学的价值期待。广义的教学目标包括四个层次:培养目标、课程目标、内容标准(初中称"课程内容",下同)和课时教学目标。

其中,培养目标、课程目标和内容标准通常是由国家或教育行政部门委托少数专家制定、最终以法律或文件等形式发布的,它们反映了整个教育系统的基本方向和对学习者发展的期待,具有高度的原则性、抽象性和概括性。

课时教学目标则属于具体、个别的目标,是对教学成果最低限度的要求,也是所有学习者经过努力都能够实际达到的目标,因而历来为一线教师所重视。下面所谈的教学目标特指课时教学目标。

一、教学目标的作用

从教学设计的环节来看,设计教学目标的作用是通过明确教学活动的目标,可以达到目标的最优的内容与方法,并最终成为评价教学活动结果的一种标准。若将视域从教学设计拓展到整个教学活动,则设计教学目标的作用将至少体现在以下三个方面。

（一）激励作用

人是有认知需要的,当认知需要带着清晰和明确的目标意识进入人的行为领域并与行为发生相互作用时,动机便形成了。所以,教学目标有利于激发学生的学习积极性和学习动机。当然,要使教学目标的激励作用发挥好,就要注意在设计教学目标时,让教学目标高低适宜、难易适度。

（二）定向作用

教学目标设计以后,教师便可以根据目标来确定教学内容、设计学习情境、选择教学方法和教学媒体、编制学习评价等,就可以通过不断的信息反馈,一次又一次地纠正教学中出现的"偏差",使教学活动紧紧围绕教学目标的实现来进行,从而避免教学时间、学生学习精力、教学设备等的浪费。

（三）评价作用

学习评价是提高教学质量的重要环节,而学习评价的标准应该来源于教学目标。也就是说,如果设计的教学目标是适当的,那么教师就可以（且应该）把教学目标作为编制测验、检测学生学习效果的依据。这里顺便指出:传统的学习测验常常是基于常模参照的测验（即以学生团体中的平均成绩或某一"分数线"作为参照,说明某一学生在该团体中的相对位置,进而将学生分类排队的测验),由于这种测验没有按一定的目标(标准)进行评价,所以无法为学生提供其学习进步与否的真实情况。目标参照测验(即以课程标准或考试大纲中规定的目标作为参照物的测验)能以可靠的数据显示学习的效果是否达到或在何种程度上达到既定的教学目标,因而是真正应该倡导和实施的学生学习测验的方式。

二、教学目标的设计依据

设计教学目标要考虑的因素有很多,如课程标准、教科书、学情、教情、班情、校情和教学时间等。下面重点讨论前三个因素。

(一)课程标准

主要是课程标准中的课程目标和课程内容(内容标准)。前者是一个完整的科学体系,是我们确定教学目标的行动指针,通常要从以下三个方面去认真解读:课程目标怎样体现了时代对人才素质的要求;课程目标贯彻了怎样的课程理念;课程目标反映了本门学科知识领域与教学探索(包括理论和实践)的哪些新成果和新发展。后者规定了在不同阶段,学生物理课程学习的基本内容和应该达到的基本要求,教师只有细心研读这些基本内容和基本要求,才能深刻领会其中的要义,只有领会了其中的要义,才能在教学实践中对教学目标进行准确定位。

(二)教科书

教科书是根据课程标准的基本理念和目标、依据学生的认知规律和发展水平、考虑了教师和社会等多方面因素编写的。它在为教学提供了最为直接的教学素材和组织线索的同时,也间接地揭示了教学"理所应该"给学生带来的三个目标维度上的变化的期待。所以,要认真研读教科书,领会教科书编写的指导思想,寻找课程标准在教科书中的渗透痕迹,理解教科书内容选取和编排的用意,最终"吃准"教科书文本的价值取向。为此,一要读懂教科书,二要读透教科书,三要读活教科书。总之,只有研读好教科书,才能将知识与技能、过程与方法、情感态度与价值观三维目标从教科书中重新挖掘出来、有机地统一起来,并且在实践过程中发挥好激励、定向、评价等作用。

（三）学情

设计教学目标不能忽视对学情的分析和把握。学情是指与学生学习相关的一切因素,如学生的学习态度、知识基础(包括经验)、学习需求、学习困难、思维发展水平、认知风格、兴趣、习惯、意志等。教师要实时了解和研究学生的学习准备情况,包括:了解和研究学生的"现有发展区",即学生已经具备了哪些相关的知识与技能;了解学生的"最近发展区",即了解学生具备的、"跳一跳"就能够达到的"潜质"在哪里、有哪些;了解学生在从现有发展区向最近发展区转化的过程中可能遇到的困难等。这样,设计教学目标才能真正做到恰如其分。

三、教学目标的设计要求

在进行教学目标的设计时,应注意遵循以下基本要求。

（一）整体性

物理课程具体目标分为"知识与技能""过程与方法"和"情感态度与价值观"三个维度:知识即现象、事实、概念、原理、规律等;技能即动作技能及观察、实验、阅读、计算、调查等技能;过程与方法是指人类认知的过程与方法、学生获得和应用知识的过程与方法,以及他们在认知过程中人际交往的过程与方法等;情感态度与价值观一般包括对自己、对他人、对自然、对文化及相互关系的情感、态度、价值判断和做事应具备的科学态度、科学精神等。显然,三维目标相互联系、相互促进、相互制约,是一个有机整体。所以,在设计教学目标的内容范围时,要首先树立这种整体意识,要全面考虑三个维度,不能只注重知识与技能维度的目标而忽视其他维度的目标。

这里要特别指出的是,情感态度与价值观的教学应该采取弥漫式的、渗透式的方式,是一种伴随着对知识与技能、过程与方法的反思、批判、运用而进行的教学,因而不能游离于教材之外、教学过程之外,游离于教学内容和教学任务之外。任何脱离具体内容和特定情境,孤立地、人为地、机械生硬地进行情感态度与价值观教学的行为都将是空洞无力的、无效或低效的。因此,设计情感态度与价值观教学目标要注意联系具体内容和特定情境,要有机地、客观地、自然地进行设计。

（二）适切性

所谓适切性,是指教学目标的设计要立足学生现有发展区,着眼学生最近发展区;要明确教科书内容的深度和广度,明确教学目标的维度与层次;要同步考虑课堂教学的调控手段,防止教学目标与教学过程脱节;要考虑课堂教学效果的评价(包括考虑课堂达标练习的内容)。此外,还要注意教学目标和具体课型相适应,因为一般来说,课型不同,其教学目标的侧重点也应有所不同。例如,新授课的目标要明确学生应掌握哪些新的物理知识、应理解到什么深度与广度、应学会哪些基本的技能和方法等。又如,复习课的目标应重点体现知识的归纳、综合,解决问题能力的提高,以及优良认知结构和良好学习习惯的养成和培养等。再如,实验课的目标应明确学生要掌握哪些实验器材的使用、掌握哪些实验方法、锻炼哪些实际操作能力,明确如何满足学生的求知需要、参与需要等。

（三）可观测性

物理教学目标本质上就是物理学习目标,它表现为学生通过物理学习后应当产生的结果,这种结果是以教学完成时学生应该达到的学习水平为标志的。所以,教师在设计教学目标——"要去哪里"时,就应该不仅知道通过哪些内容和方法来实现目标——"如何去那里",而且还应该知道通过哪些手段和途径来检测目标的达成情况——"怎么判断已经到达了那里"。也就是说,物理教学目标(自然也是物理教学效果的检测标准)的设计应力求明确、具体,可以观察和测量,应尽量避免用含糊的和不切实际的语言陈述目标。

第三节　物理教学方案设计

在跨出设计教学方案这一步之前,教师的思维通常还较为发散,甚至略显凌乱。随着教学方案编写工作的推进,教师的思绪得到梳理,教学的细节得到关注,最终,彰显理性光辉的教学方案将得到呈现。

一、设计提问

教学的一切都可以说是问题的衍生物,学生的学习能力的形成也在于问题解决能力的形成。问和答构成课堂教学的价值取向和教学目标达成水平的判断依据。从"问"的一方来看,很难想象一位不知道为什么提问、提问什么和如何提问的物理教师会激起学生的学习兴趣,活跃学生的思维,取得物理教学的高质量发展。

课堂提问涉及的问题通常是组织教学的开始,是教学的要点,是教学进程中转换的关节,是学生学习过程中思维活动的重要激活因素,是启发、讨论、探究和发现的前提。

二、设计导入

学生对新知识的有效学习总是发端于良好的"入门"阶段,"入门"阶段进展得如何对整个学习的效果影响很大。导入是教师引导学生"入门"的行为方式,因而历来为教师们所重视。

(一)导入的作用

众所周知,一首乐曲的"引子"或一部戏剧的"序幕"通常都具有渲染气氛、渗透主题和进入情境的作用。同样,一堂好的物理课若能有个引人入胜的开头,那自然就能吸引学生的注意力,激发学生的学习兴趣,激发学生的求知欲和启迪学生的思维。

1. 引起注意

注意是一切心理活动的门户,外界的一切信息必须通过它的选择才能进行反映和加工。在新课题展开前,教师通过有效的活动方式帮助学生收敛课前其他各种思维活动,使学生的注意力指向那些对学习的展开和深入有意义的刺激和信息。

2. 激发兴趣

兴趣是在愉快体验的基础上形成的乐于积极地去接触、认识某一事物的意识倾向,它的形成富有强烈的感情色彩。通常,形象的实验演示、新颖的资料介绍和生动的活动开展等都能激发学生的学习兴趣。

3. 产生认知需要

众所周知,推动物理学发展的基本矛盾是人的主观认识和自然界客观存在之间的矛盾,而推动物理学习的主要矛盾则是学生现有的认知水平、情意特点、兴趣爱好与教学内容(课程内容)之间的矛盾。据此,在导入过程中,为了进一步维持和发展学生的学习兴趣,教师可以在呈现学习情境的基础上及时地引导学生对新课题进行理性的思考,调动他们原有的经验去尝试解决新课题,让他们发现自己原有的认知结构不能同化新课题,进而意识到缺陷或差距的存在,诱发心理上的矛盾和不平衡,产生渴望获得和谐和平衡的认知需要—— 一种要求知道和理解事物、要求掌握知识和解决问题的需要,它直接指向学习活动和学习内容本身并以获得知识为满足。

(二)设计导入的基本原则

中学物理教学中的导入设计一般应遵循以下三条基本原则:针对性、启发性、艺术性。

1. 针对性

从课堂结构的角度来看,导入的作用是为教学打开思路。因此,设计导入一要考虑教学内容、教学目标的整体,要服从整体,包括考虑教学内容的内涵、外延及其在整个知识体系中的位置,以及考虑教学的知识与技能目标、过程与方法目标、情感态度与价值观目标等。二要根据学生特点而不能脱离学生特点,包括根据学生已有的认知结构、学习能力、干扰学习的因素等。因为,学生的学习是植根于过去的经验和知识之上且受当前学习环境影响的。此外,设计导入还要考虑学校的教学资源情况和上课教师个人素质、特长等现实条件。

2. 启发性

在导入的"三项基本任务"中,产生认知需要是核心任务。实现这一核心任务要求导入具有启发性,即导入能够启发学生思考并发现问题。为此,设计导入要注意通过各种方式,如联系实际、展示现象、设置悬念、建立情境等,制造学生认知上的差距和心理上的矛盾,利用差距和矛盾形成疑惑和问题,激发和活跃学生的思维,调动学生的求知欲和进取心。

3. 艺术性

教学是一门科学,也是一门艺术,导入尤其如此。导入要吸引人、激发人、感染人、鼓动人,就必须讲究高度的艺术性。为此,要精心选择素材,努力做到直观生动、新颖有趣、引人入胜;要精心设计导入流程,努力做到层次清楚、过程紧凑、安排合理。此外,教师要善于调控自己的情感,努力保持愉悦的心情,上课伊始就进入角色,投入课堂,以真情感染学生,以真知启发学生,激发学生持久的学习热情,享受科学和艺术带来的乐趣。

三、设计结课

导入新课固然重要,但课的收尾也不可轻视。从课的结构来看,课的收尾是课的终结性环节;从实践效果来看,课的收尾往往能够成为一堂课的点"睛"之笔。

(一)结课的作用

结课通常安排在课的最后几分钟。由于下课的时刻快到了,学生精力容易分散,情绪容易松弛。如何利用好这最后的几分钟,结课就显得格外重要。结课是指在完成一个教学内容或活动时,教师和学生一起对知识与技能进行归纳、对过程与方法进行总结、对情感态度与价值观进行升华的行为方式。结课设计是教学设计的重要组成部分,实施结课是课堂教学必不可少的环节。

(二)常用的结课方法

结课的方法不仅因课而异、因人而异,还因教学内容、教学环境而异。下面介绍几种常见的结课方法。

1. 归纳概括式结课

课将结束时,教师用精准的语言、简单明了的图表等对知识、技能、方法、过程、注意事项等进行概括总结,将本课所学的知识系统化、条理化,以达到巩固知识、强化要点的作用。

2. 分析对比式结课

将新知识与原有知识进行分析、比较,既可找出它们各自的本质特征或不同点,又能找出它们之间的内在联系或相似、相同点,使学生对所学知识的理解更加清晰、准确、深刻。

3. 拓展延伸式结课

结课时,在总结归纳的基础上,将所学知识向其他方面,尤其是应用方面延伸,拓宽学生的知识面,引起学生浓厚的课外探究兴趣。

4. 悬念设疑式结课

一节课的结尾既是本节课的结尾,有时也是下一节课的起步,它既是旧知识学习的暂时终结,又是新知识探索的开始。采用悬念、设疑的方法,不仅使知识环环相扣,也使教学课课相连。

5. 活动巩固式结课

在课即将结束时,教师根据教学内容,设计并组织开展学生实践活动,如知识竞赛、操作比赛、小组讨论、观察、制作、小测验等,对所学内容进行巩固性训练,达到让学生掌握知识、锻炼能力的目的。

6. 图表结构式结课

根据学科特点,教师可以根据教学内容及其各部分之间的相互联系,事先制成图表,在课堂结尾时展示图表,引导学生讨论小结。这种结课方式对知识系统化有着重要的意义。

四、设计板书

板书是教师在教学中通过在黑板(或白板)上书写文字、符号或图表,向学生传递教学信息,帮助学生理解和记忆的教学行为。板书具有即时变化、作图方便、交互性好、显示时间长等优点。

(一)板书的主要作用

作为一种视觉代码,板书可以通过空间布局、线条组合、色彩变化等,从视觉渠道向学生传递出多方面的信息和审美情趣。

1. 提供视觉信息、引导调控思维

板书配合其他教学行为,通过视觉通道向学生提供学习内容的有关信息,它不仅与学生由听觉得来的信息相互印证,还与其相综合。板书能引导和调控师生教学思路,尤其能使学生的注意力集中于共同的教学活动。

2. 提供要点结构、优化教学内意

虽然板书和讲解所表达的都是同一内容的相关信息,但板书并不只是讲解的文字记录。板书所提供的是学习内容的要点和结构,是"脚手架"。尽管它略去了某些具体细节,但却是学习内容的核心和实质。优秀的板书设计是学生今后构建认知结构的模板。

3. 强化信息记忆、掌握教学内求

板书配合口语,可以使学生听得更清楚、更准确,从而减少教学信息传播过程中的损失和干扰。教师板书过程也是帮助学生进行信息编码的过程,是帮助学生将学习内容进行整理、发现各部分之间层次和逻辑关系的过程。板书上所显示的一般是重点、难点、关键点和价值点等内容,而这些正是学生做课堂笔记的主要内容。这无疑为学生识记、保持、再现学习内容,进行课后复习巩固起到引导和提示的作用。

4. 增加艺术趣味、培养审美情感

规范、科学和有创意的板书将教学思路和教学信息浓缩演化成简明的、艺术化的符号结构,这在一定程度上能激发学生的认知兴趣、增强学生的学习动机、促进学生学习规范的形成和培养学生的审美情感、创造能力。总之,精美的板书是一种强有力的教育,对学生起着表率、示范、陶冶的作用。

(二)板书的基本策略

教师设计板书时,既要精心又要巧妙,具体来说,要注意"一样不少""综合考虑"和"全面兼顾"。

1. 文字、符号、图形和色彩一样不少

教师书写板书时应做到：文字字迹清晰、醒目，字体应为正楷或行楷，字体大小应以后排学生能看清为宜；符号规范，表达准确；图形实用、科学、美观（就算是草图也要注意不失科学性，尤其是受力分析图、光路图等）；根据"黑板"颜色选用恰当的彩色粉笔，以形成鲜明对比，起到点缀和突出的效果。

2. 内容、形式和文字综合考虑

板书的内容和形式应是教师在课前精心选择和设计好的。板书内容要突出"四点"和教学线索，要突出教学内容的内在逻辑结构，要具有高度的概括性；板书类型应与教学目标、内容和学生认知发展水平等相一致；板书整体要布局合理、板面整洁、造型美观；板书文字要准确、科学和简洁。

3. 配合、时序和效果全面兼顾

配合有两层含义：一是指与讲解、演示、板画等其他技能的配合。二是指在教学过程中，应随时注意观察学生对板书的需求反应，尤其是中下水平的学生的需求反应，并据此决定何时提供多少（详或略）板书、是否调整板书快慢等。时序是指先写什么、后写什么。效果是指板书要能发挥其功能。

第四节　物理教学评价设计

物理教学评价设计包括两个方面的内容：一是对教学设计的过程和结果的评价设计，二是对教学设计的结果的实施即教学（包括试讲）的评价设计。

一、教学评价概述

（一）教学评价的功能

1. 诊断功能

诊断功能是指教学评价能够对教学活动中存在的问题进行揭示与分析，找到症结所在，进而提出改进和补救的意见、建议，改进教学，创造更加适合学生学习的教学。例如，对学生的学习评价，一方面可以协助学生发现学习中存在的困难与不足，进而判断导致困难与不足的原因。另一方面也可以帮助教师明了自身教学上的不足与学生学习上的问题。当然，教学评价还可以为教学管理部门提供诊断教学质量、提出改进意见和建议的依据。

2. 发展功能

评价最重要的意图不是为了证明，而是为了改进。无论"诊断"的结果如何，教学评价都能够使教师和学生获得有针对性的指导意见和建议，促进教师和学生进行反思，在认识自我的基础上，建立自信、发展潜能，改进教和学、促进教和学。具体来说，如果评判的结果是正面的，那么原先的教学就可以延续下去，甚至获得进一步的优化；如果评判的结果是负面的，教师和学生便会产生一定的焦虑感，对原先的教和学做出修正或调整。总之，教学评价能够激励、控制、改进、完善教学，使教学朝着"最优化"的方向发展。

3. 选拔功能

选拔功能又叫甄别功能、淘汰功能，是指教学评价具有区分程度、水平，做出鉴别、鉴定、分类的作用。

（二）教学评价的步骤

1. 准备

评价是从评价的准备开始的。评价的准备包括背景分析、制定评价的方案和建立一定的评价组织，解决好为什么要评价（基于什么考虑）、评价以什么为标准、由谁来实施评价等问题。

2. 实施

实施又包括相互沟通、收集信息、评议评分、汇总整理等工作。其中,收集信息的环节又尤为重要,这是因为教学评价是以对事实性把握为前提的。在教师教学评价中,常用的收集信息的方法主要有问卷征询、座谈会、行动观察和记录等。在学生学习评价中,常用的收集信息的方法有量化形式的测验法,质性形式的观察法、成长记录袋法和调查法等。

3. 结果分析

评价的结果分析是评价实施的延续。教学评价结果分析不仅包括对教学对象、教学过程和教学结果的分析,而且包括对评价本身的质量分析。后者通常被大家所忽略,但它确实是教学评价的一项重要工作。

总之,教学评价是一项专业性和技术性很强的工作。按照科学的程序组织教学评价,对保证教学评价质量、达到预期评价目的有很大的帮助。以上仅仅是对教学评价步骤的一个简要的介绍。

二、评价教学设计的过程和结果

对教学设计过程和结果的评价是指对教学设计的过程和结果(即教学方案)进行的具有可行性、实用性、有效性等的评估。显然,这样的评价强调的是形成性评价。

(一)对教学设计过程和结果的评价设计

评价教学设计过程和结果的根本目的在于帮助教学设计者(通常也是实施者)监控并改善教学设计。而监控和改善的前提是全面关注教学设计的"输入—过程—结果",收集和利用评价信息,判断设计过程和结果的优缺点,指出哪些地方需要修改,并提供详细的修改建议,帮助教学设计的相关者做出具有针对性的决策。

对教学设计过程和结果的评价主要通过以下几个步骤来完成:首先是制订评价计划,核心是设计评价的指标体系,通常可以围绕教学设计的主要环节进行设计；其次是实施评价指标体系和搜集数据；最后是整理、分析和归纳数据，形成评价结论并进行反馈。

（二）对教学设计过程和结果的修改

对教学设计过程和结果的评价总是指向教学设计环节和教学设计方案中存在问题、需要修改的地方的。例如，对照"教学设计过程（和结果）、评价指标体系（量表）"，可以知道教学设计某一环节及其设计结果是否有效。如果是有效的，那么就不需要进行修改；如果发现教学设计某一环节或其设计结果无效或效果不佳，那么就需要进行修改。无疑，对教学设计过程和结果的评价结论是修改教学设计过程和结果的逻辑起点。

需要特别指出的是，对教学设计过程和结果的评价仅仅依靠教学设计者本人的力量是远远不够的。对于教学设计这种复杂现象，多视角地思考、审视有助于得到更深刻、更趋科学的认识和理解。更何况，个人周围环境中蕴含着丰富的设计者进行教学设计所需要的资源。所以，通过相互学习、反思和坦诚对话，获得身边同事、校外名师乃至教育理论工作者的帮助、支持、引领、指导，获得对自己的教学设计、对同行的教学设计、对专家关于教学设计的观点的了解，无疑会使设计者的教学设计水平、对教学设计的信念等取得长足的发展和进步。甚至，经常听一听学生的想法和意见同样有益于提高教学设计的广度、深度和效度。归纳起来讲，"外部力量"的咨询有以下一些作用：一是帮助设计者对教学材料的现行结构进行分析；二是提出适当的问题，帮助设计者对是否需要修改（甚至重新设计）进行决策；三是帮助设计者评价教学设计方案或某一环节的设计结果，评价其在修改前及修改后可能的教学状态；四是为设计者提供修改过程方面的建议，这有助于设计者扩展有关学习、教学及教学技术方面的考虑；五是帮助设计者选择、设计和制作教学材料；六是向设计者提供适当的鼓励等。

最后，当设计者对教学设计方案或某一环节的设计结果进行具体修改时，他必须再次分析和检查评价数据和评价结果，根据"想要发生的"和"实际会发生的"之间的差距，重新发现设计中的不足，然后，回到设计的"规划"阶段开始新的设计。

第四章

中学物理概念教学

物理概念是反映物理事物本质属性的一种思维形式，它是构成物理判断和进行物理推理的基本要素，也是物理知识的最基本的组成部分。一般而言，物理概念形成的过程，要经历对物理事物的感知，对事物的属性进行分析、综合、比较，舍弃它的非本质属性，抽象出它的本质属性，并把这种本质属性概括到同一类物理事物中去等几个阶段。如何在物理概念教学中培养学生的科学探究能力、科学态度和价值观等，是中学物理教学的重要课题。

第一节　物理概念概述

一、物理概念的特点

自然界事物在物理运动、变化和发展方面的本质属性多种多样，因而也就存在众多的物理概念，且不同概念之间存在着明显差异。物理概念主要具有如下特点。

（一）物理概念具有客观性

物理概念是观察、实验与科学思维相结合的产物，要认识物理的本质属性，必须对客观存在的物理现象进行观察、分析、抽象、概括等一系列思维运动。物理概念不但以客观存在的物理事实为基础，而且是对客观物理事实和物理现象更为深刻的认识。

（二）物理概念具有可测性

物理概念除了具有反映物体的物理性质外，大多数物理概念都表示成一个物理量，反映物体性质改变的变化量，即具有定量的性质，它总是与数学和测量联系在一起，可以直接或者间接测量，具有可测性。物理学在其发展过程中，成功地引用与运用数学表述和研究物理运动，并且用各种形式把物理概念量化，用物理量表示，如速度、电阻、质量等。这样不仅使物理概念得到了量化，而且使物理学发展成为一门定量的学科。

（三）物理概念具有相对性和局限性

物理概念具有一定的相对性和局限性。物理概念是在一定条件下和一定范围内建立起来的，这就决定了物理概念必然有它的适用范围和适用条件。如果超出了这个范围和条件，其结论就不一定成立。如在低速宏观运动条件下，质量与物体的运动状态无关，而在高速运动条件下，这个结论就不适用了。此外，相当多的物理量具有相对性，是相对于一定的参考点而言的,例如速度是相对于某一参照系而言的。

对于不同阶段的学生,理解的概念层次是不一样的,是一个发展的过程。教师教学要结合中学生的心理和生理实际,知道概念的发展性,注意教学的层次性,最忌在初中阶段,把知道的关于质量的含义全介绍给学生,这样不利于知识传授和能力的培养。

二、物理概念教学要求

物理概念形成的最终表现就是建立逻辑数学结构,它包括概念结构、数学结构和知识结构。在 40 分钟的课堂教学中,对于物理概念的教学应注意落实好以下两个方面的教学要求。

（一）过程清楚

学生要弄清物理概念的建立过程。中学生形成物理概念的主要过程为:一是通过生活经历、自然现象和物理实验的直接感知,再通过物理思维的加工、科学归纳而形成概念;二是根据已经掌握的概念通过演绎推导的方法得到新的物理概念。

（二）理解物理概念的数学表达式、物理意义和单位

学生对于物理概念的数学表达式、物理意义及单位要准确理解。例如:密度是表示物质在空间分布密集程度的物理量。如果某物质的质量为 m,均匀分布在体积为 V 的空间里,则该物质的密度的数学表达式为 $\rho = \dfrac{m}{V}$。密度的物理意义是单位体积的某种物质的质量,密度是反映物质特性的物理量,它只与物质的种类有关,与质量、体积等因素无关。在国际单位制中,密度的单位为 kg/m^3,常用的密度单位还有 g/cm^3 等。

三、物理概念教学策略

由于物理概念性质不同、思维方式不同、物理概念建立过程不同及物理概念难易度不同,物理概念教学通常有抽象概括、演绎推理、实验探究、类比等效、比值定义等五种教学方式。在某一个概念教学中选取

哪种教学方式来建立概念,必须综合考虑各类物理概念的内涵特点、学生的学习水平及学校实验设备条件等因素,采取恰当的教学策略。

（一）抽象概括

根据研究对象的特点,从教学目标的角度出发,撇开个别的非本质的因素,抽出主要的、本质的因素加以研究,并把一类物理事物共同的、本质的属性联合起来,从而建立一个轮廓清晰、主题突出的新的概念。这种教学方式主要应用于定性的概念,教学的关键是通过图片、实验、举例子等方式展示多种本质属性相同或相似的感性材料,创设各种物理情境,通过对各种物理现象、过程的分析,抽出其共性,形成概念。例如在讲光源时举例太阳、电灯、蜡烛、霓虹灯、萤火虫等物体能够发光,月亮、电影屏幕、玻璃幕墙等物体也能够发光。前者是自行发光,后者是反射光而不能自行发光。我们把能够自行发光的物体称为光源。通过举例找到本质的因素就可以水到渠成地概括出"光源"概念。

抽象概括教学方式也常常用在理想化概念的教学中,例如:在光线概念的教学中,在讲完光的直线传播的规律后,抽象出用一条直线表示一束光,用一个箭头表示光传播的方向,用一条带有箭头的直线表示光传播的路径和方向,这样的有箭头的直线就是"光线"。

（二）演绎推理

中学物理课程的前后、上下、新旧知识之间有非常密切的联系。从已有知识出发,以学生掌握的概念为前提,在旧知识的基础上通过逻辑关系和数学方法推导出新的概念和新的知识。这种教学方式常常用于定量的概念或前后联系紧密的概念教学,教学的关键是由旧引新、推陈出新,便于学生理解、掌握和不断深化概念。

（三）实验探究

在教师的主体作用下,教师或学生通过动手实验经历与科学家进行科学探究时的类似过程,分析实验结果,得出实验结论,获得新知识。完整的实验探究过程是:发现问题→选择课题→设计方案→动手实验→收集处理信息→研究讨论→解决问题。物理课程标准将科学实验探究作为课程改革的突破口,特别强调科学探究在物理课程中的作用,在物理教学中应大力倡导部分或完整的探究性教学,放手让学生积极主动参与、乐于探究,挖掘学生的创新潜能、培养学生的创新能力。

(四)类比等效

在教学中用已知的物理概念同未知的物理现象相比较,找出它们的共同点、相似点或相联系的地方,然后以此为根据推测未知的物理现象也可能具有的已知概念的某些特性。

(五)比值定义

一个物理量采取比值的形式定义,常用于物质属性、特征或物理运动特征的定义。用比值法定义的物理概念在物理学中占相当大的比例,例如密度、压强、速度等。

第二节　物理概念课堂教学的过程

中学物理概念教学具有连贯性、重复性、递进性,对概念的认识是螺旋式上升的,学生学习概念是循序渐进的,需要一个由浅入深、综合概括、抽象思维的过程。物理概念教学过程的主要环节有"创设情境,引入概念""思维加工,形成概念""运用概念,巩固深化"三个阶段。有些概念形成过程简单,内容不多,可以在一节课内完成上述三个阶段。但是绝大多数的物理概念教学是不可能在一节课内完成所有环节的,有些概念教学可能需要在一章、一学期等较长的一段教学时间内才能完成。

一、创设情境,引入概念

物理概念教学首先要解决的问题是为什么要引入这个概念。利用学生原有认知和演示实验、图片、课件、视频录像等多媒体创设情境,能激发学生学习兴趣,使学生获得感性知识。如在教学速度、摩擦力、惯性等概念时,都可以列举一些比较典型的物理现象,再让学生通过观察、分析、综合、抽象等,认识这些典型物理现象的某一本质属性,初步形成相关的物理概念。学生的头脑中都存在一些前概念,有些前概念有助于形成正确的科学概念,也有些前概念对形成正确的概念有阻碍的作用。如学生对生活中摩擦力的观察,往往会对摩擦力的方向有错误的观念。又如,学生在生活中常见到运动快的物体停下来需要更长的时间,学生就可能认为惯性大小与物体运动速度有关。这些错觉更需要教师创设情境,消除不利影响,实现认知的顺应过程。

二、思维加工,形成概念

"思维加工,形成概念"是概念教学的第二个阶段。在这个阶段,学生要对相关事物进行一系列的思维活动,把感性认识上升为理性认识,给概念下定义,理解概念的内涵及明确概念的外延,从而形成初步的概念。物理概念的建立是一种创造性的工作,是人脑对物理现象和物理过程等感性材料进行整理加工的过程。教师要精心选择典型事例,有意识突出本质属性。

(一)抽象:揭示事物本质

科学抽象必须经过学生头脑的思考。如果不引导学生进行科学抽象,而由教师包办代替,甚至简单地搬出结论,并要学生记住,其结果往往是学生的认识还是停留在感性阶段,或者感性的东西与理性的东西在他们的头脑中还是处于分离状态,认识并没有实现从感性到理性的飞跃。另外,要根据教学具体内容和其他教学实际,审慎地引用某一个或几个典型的事例,许多情况下引用的事例不是越多越好。

(二)定义:明确概念内涵

概念的定义揭示了概念的内涵,给概念下定义要研究学生的思维障碍。给一个物理概念下定义,应在学生对事物的本质属性有较充分了解或认识的基础上进行。如果过早给出概念的定义,那么对学生而言,这些概念只是空洞的东西,他们不理解为什么要这样给概念下定义,因而不利于他们形成正确的概念。因此,给概念下定义必须在学生已具备形成概念所必需的清晰观念时才能提出,否则就会影响学生对概念的正确理解和掌握。

（三）理解：领悟概念意义

教师要用多种方法和途径开展一些帮助学生理解物理概念的意义的活动。首先，应引导学生用自己的话来表述对概念的定义，并让学生分析用自己的话表述的概念与书本中概念定义的差异。如果学生能用自己的话正确表述出物理概念的定义，就说明他们初步理解了物理概念的意义，否则就是没有真正理解概念。其次，教师应引导学生理解定义中各个物理量或物理概念的关系。最后，教师要提供一些相似的概念，让学生分析这些相似概念之间的区别与联系。另外，可以提供一些问题或练习，让学生运用概念解决问题或运用概念做练习，以帮助学生理解物理概念的意义。

三、运用概念，巩固深化

在学生形成并领悟了物理概念以后，要通过运用概念做一些练习和解决一些问题，帮助学生巩固和深化所学的物理概念。为了帮助学生循序渐进地巩固和加深对概念的理解，教师要注意练习难度的层次性。如先让学生做简单的识记层次的练习，检查学生对所学概念的识记情况；然后让学生做一些简单的理解层次的练习，检查学生对所学概念的理解程度和错误之处；再进行较复杂的分析与应用类型的练习，强化学生对所学概念的进一步理解。

第三节　如何在概念教学中贯彻物理核心素养

学生核心素养的培养是时代发展的趋势，也是教育水平不断进步的标志。随着核心素养的提出，教师需要更多地关注学生的学习能力，将核心素养贯彻课堂，制定出新的教学方法，提升学生的学习效率。

一、为什么要在概念课中贯彻物理核心素养？

物理核心素养是物理教育的重点目标之一，是指导物理教师改进教学方法、提高教学效率、完成教学目标的重要纲领，让物理教师更加明确要培养学生什么样的能力和品质。

上好一节物理概念课对学生理解物理概念和规律至关重要。概念课是为了让学生理解和掌握基本物理知识、形成科学思维的方式。换句话说，概念课是为了培养学生的理解能力，而对理解能力的考查就是对物理核心素养中物理观念、科学思维的考查。因此，教师为了更好地让学生理解、掌握物理基本概念，需要在授课中贯彻物理核心素养。

二、贯彻什么样的物理核心素养？

概念课的教学目标是学生对概念和规律的掌握，为后面运用这些概念和规律进行分析、推理、数学处理及实验打下扎实基础。为了实现这一目标，需要贯彻物理观念和科学思维两种核心素养。

物理观念是学生在学习物理知识的过程中，从物理学角度出发对客观世界的概括性认识，是从物理学视角形成的关于物质、运动与相互作用、能量等的基本认识，是物理概念和规律等在头脑中的提炼和升华。科学思维是从物理学视角认识客观事物本质属性、内在联系的方式；是基于经验事实的抽象概括，具体运用推理、论证等科学思维方法的过程；是基于事实证据和科学推理进而提出创造性见解的能力与品质。

三、怎样更恰当地贯彻物理核心素养？

如何提高学生的物理核心素养，一直是物理教师关注的重点。针对物理概念教学，主要从以下两个方面来分析如何更恰当地贯彻物理核心素养。

（一）注重提升学生的理解能力

无论是物理观念还是科学思维的形成，都与学生的理解能力密不可分。怎样提升学生的理解能力呢？首先应该加深对物理量的理解，这是最基本的一步，学生不仅应该知道物理量的符号和名称，还应该理解其相关背景、外延和深刻内涵。其次应该加深对适用条件的理解，要区分普遍成立和特殊条件下的成立，仅仅死记硬背概念、公式是没什么用处的，要培养鉴别错误观点和似是而非说法的能力。最后应该把概念和规律融会贯通，只有把所有的知识点融会贯通了，才能够理解一些复杂的物理问题。

（二）注重基础知识和思维活动过程的教学

物理观念和科学思维的形成，要经历一系列过程，不可能一蹴而就。因此，要促进物理观念和科学思维的形成，首先要注重基础知识的教学，把基础打牢，在教师的帮助下，学生要形成网格化、有序化、条理化的知识结构。其次要加强思维活动的教学，教师在课堂上要把学生调动起来，让学生的思维跟随自己的教学节奏，逐步形成"抽象—具体—总结"这样的思维活动过程。

四、贯彻物理核心素养的课堂相较于以前的传统课堂有怎样的变化？

贯彻物理核心素养之后，课堂教学与之前相比已经产生了明显的变化，下面从教师授课的角度、学生学习的角度两个方面来介绍。

（一）教师授课的方式更加多样化，内容更加具有针对性

为了让学生更好地理解物理概念和物理规律，教师们想出了很多种授课方式，比如通过微课来辅助教学，内容也更加贴近考试要求。要求学生具备什么能力，教师们就不遗余力、想尽办法培养学生的相关能力。

（二）学生学习的目标更加明确，过程更加科学合理

要求学生具备什么样的能力，相关的物理核心素养就被贯彻到课堂教学中。学生以前的学习目标宽泛，物理核心素养被贯彻之后，学生就

需要有针对性地培养和具备相关核心素养,学习目标更明确了。为了使学生更好、更快地具备相关核心素养,学校和教师为学生设置的学习过程也更加科学合理了,以前那种胡子眉毛一把抓的学习过程基本上很少见了。核心素养这一概念的提出是教育课程改革的重要成果之一,它回答了教育是为了培养什么样的人这个重要问题。物理核心素养现在已经完全扎根于物理课堂,它不仅是高考大纲的必然要求,也是提高学生物理综合素质的必然要求。学生要具备物理核心素养,就必须不断接受和改进学习方法,提高学习能力。教师作为课堂教学的实施者,要不断加深对物理核心素养的理解,并且结合大纲,为提高学生的物理核心素养不断努力。

第五章

中学物理规律教学

为了有效地进行教学工作,不断提高教学质量,必须正确认识和理解教学过程,了解中学物理教学的特点和规律,理解和掌握中学物理教学原则。其中,教学规律是最为关键的问题,只有客观准确地揭示出中学物理教学过程的固有规律,才能以此为依据科学地确定中学物理教学原则。要揭示物理教学过程的规律性,就要分析物理教学过程的本质特征。

第一节 物理规律概述

物理规律,是物理学中的灵魂,是物理学大厦中的栋梁,物理学就是利用一个个规律去解决实际问题的学科。在教学中,坚持延迟判断,让学生重演重要物理规律的发现过程,对学生深刻理解物理规律、领悟规律发现过程中所用的巧妙方法、体验探索和发现的喜悦、感受科学家探究规律过程表现出来的恒心和毅力、产生科学情感、形成科学态度都是大有裨益的。

一、物理规律概述

(一)物理规律的分类

从逻辑上讲,物理规律包含着判断与推理两类思维形式。它既可以按过程中不同质的运动来分类,又可以按运动过程中物理量的变化来分类。根据后一种分法,物理规律大体上可分为以下四种类型。

1.守恒类

某一物理量可以表现为不同的形态,而且各种形态能在不同空间或随时间相互转化,但是其总量保持不变。守恒类规律是物理学中最普遍的规律。

2.场类

场是某个物理量在空间分布的区域。一般的场可以认为是连续的,当场在个别区域里高度集中时则认为是不连续的。不少场都随时空而变化,因此,单从守恒定律出发,就不可能预言变化的趋势。

3.统计类

由于宏观对象是分子、原子、电子等微观对象的总体,因此前者反映的是后者的总体、平均和概率的性质。表征宏观系统和微观系统之间的相互关系的规律叫作统计规律,其中既有微观系统的物理量,也有宏观系统的物理量。

4.物质类

表征物质宏观性质的规律是着眼于物质的共同属性而由实验推导出来的,因此不是对一切物质和所有场合都适用的。物质规律几乎在任何情况下都包含表征各种物质固有性质的参数,这些参数不仅可以帮助我们从数量上认识有关物理量之间的关系及运算法则,而且可以帮助我们从本质上理解相关物理量之间的内在联系,从而正确地运用数学工具讨论并解决物理问题。

物质由分子、原子、电子等微观粒子组成。因此,物质的宏观性质应能由这些微观客体的性质推导出来。换句话说,物质常数可以由前面三种规律和基本粒子的性质计算出来。事实上也正是如此。

(二)物理规律的特点

物理规律是物理教学的中心任务之一。对物理教师而言,要搞好物理教学,必须了解物理规律的特点。一般而言,把物理规律作为一个整体,具有以下几个显著的特点:

第一,物理规律是客观存在的,发现物理规律、建立物理理论除了依据可靠的客观物理事实之外,还要通过观察、实验、分析、推理等一系列思维活动对物理事实进行加工。如牛顿第一定律(力是改变物体运动状态的原因)是以大量实验为基础的,但不受力的作用(这个条件)是一个推理的想象(应注意的是,不受力的作用,不是合力为零)。牛顿第一定律是实验、推理、想象相结合的产物。只有这样,人们才能抓住客观事物的物理本质属性,建立事物物理运动、变化和发展的本质联系。

第二,物理规律都存在一定的联系,物理规律的联系主要指物理概念间、物理现象间和规律与规律间的联系。概念是(点)物理量(有意义,有大小)与实验测量结果对应,规律是(两点连线)表示有联系的概念之间的关系,并将此关系用逻辑语言(数学)表示出来。

第三,物理规律总是在一定条件下和一定范围内得到的,因此,物理规律具有一定的使用条件和适用范围,如果超过了这个条件和范围,物理规律可能就不适用了。

第四,物理规律是认识的结果,具有一定的近似性。从一定意义上讲,人们在得到规律时,总是在一定的范围内,或在一定的条件下研究物理现象和物理过程,总是抓住主要矛盾,忽略次要矛盾,归纳、推理并发现其中的物理规律。测量误差是不可避免的。这都使得规律的成立是有条件的,物理规律具有近似性和局限性。如牛顿第一定律成立的条件是质点、平动、惯性参照系。物理规律的这个特点是由其产生过程决定的,对客观世界做了一定程度的简化处理。同时由于人们也不可能完全精确地对物理量进行测量,因此总结的物理规律总是在一定的精确度下成立的,会随着人的认识能力的提高和认识的深入不断发展,具有一定的相对性。

（三）物理定律、物理定理、物理定则和物理公式

物理学的理论体系是由基本概念和基本规律组成的。如果将整个理论体系比喻为一张网,那么概念是帮助我们认识和掌握自然现象的网上的纽结,而规律则是连接各纽结使之组成网孔与网络的各结之间的连线,孔络之间的纵横联系就构成了整个理论体系。这里就物理定律、物理定理、物理定则和物理公式做一简述。

1. 物理定律

从内容来看,物理定律反映了物理现象和物理过程之间的内在联系,但从形式上,物理定律是描述物理概念或物理量之间的内在联系。物理定律可以用文字表述,还可以用文字与公式结合来表示。

定律总结出来以后,就可以用它来解释一切有关的现象,并且可以凭它预测在某种条件下会有哪些现象发生,以及应用它来改进生产。

定律公式和概念的定义式是不同的。定律公式反映的是客观规律,它表明的是物理量之间实际存在着的函数关系,如 $I = \dfrac{U}{R}$ 是一函数式,描写的是一段金属导体的电流强度、电压、电阻三个物理量之间的内在联系。三个量都是内在量, U 与 R 制约着 I 的大小。但写成 $R = \dfrac{U}{I}$,就不是函数式了,而是定义式,是用外在量 U 与 I 的比值来定义电阻 R ,它们之间不存在制约关系,不存在一个量决定或影响另外一个量。要以形式和内容相统一的观点去认识物理定律。物理现象、物理过程之间的客

观内在联系,决定了物理量间的数学公式的形式,亦即内容决定形式;揭示物理量之间的数学形式又要深入到客观的实在的内在联系中,亦即形式又反映内容。有时为了讨论和应用上的方便,将定律公式的形式做一些变换,但此时反映的物理规律的意义仍然不变。物理定律的公式除了能表达定律的内容、反映客观事物间的内在联系外,还能参与各种推理和实际运算。

2. 物理定理

物理定理一般是指从已知规律出发,用演绎、推理等思维方法所推导出来的结论。物理定理也表示物理量之间实际存在着的函数关系。表明定理内容的数学式子叫作定理公式。定理公式的可靠性除了取决于所根据的定律或理论以外,还取决于所使用的数学推理过程。它的适用范围,同所依据的定律在一般情况下是相同的。

3. 物理定则

物理定则是将物理规律中各个物理概念之间的关系,为了某种目的(如便于记忆或理解)具体化为一些定则(或法则),从而使物理规律中各个概念之间的关系变得形象、鲜明。

4. 物理公式

一个物理公式,可能代表着一个定律,可能是一个定理或纯粹是一个定义。定律公式用数学方法表述定律内容,其形式受到定律内容的制约,不能随便书写;定理公式是根据某一定律或理论用数学方法推理出来的,同定律公式一样,也表示物理量之间实际存在的关系。毫无疑问,定律或定理的正确与否,都要由实验来评判。

定义公式(或叫量度公式)定义一个物理量,它也不是随意写的。一定的公式要与一定的物理内容相适应。任何一个物理公式都能用数学方法变形,变形后公式的物理意义有的将随之改变,有的在叙述方法上要有所改变。例如定义公式 $v = \dfrac{S}{t}$ 可变形为 $S=vt$ 和 $t = \dfrac{S}{v}$。后两个公式都不是定义公式,而变成了定理。定义公式变形后成为定理,它的物理意义也从根本上发生了变化。如 $v = \dfrac{S}{t}$ 变形为 $S=vt$,其物理意义为:

对于给定的匀速运动(v 为常量),物体通过的路程跟所用的时间成正比;对于不同的匀速运动(v 为变量),当 t 相同时,S 正比于 v;当 v、t 都是变量时,S 跟 v、t 的乘积成正比。

定律公式、定理公式变形后一般说来仍为定律或定理,但物理意义的叙述上要改变。例如 $I = \dfrac{U}{R}$ 变形为 $U=IR$ 后仍可作为欧姆定律的公式,因为从 $U=IR$ 中仍能得到这样的结论:当 R 相同时,I 与 U 成正比;当 U 相同时,I 与 R 成反比。但这一结论是从间接分析中得到的。因此 $U=IR$ 的物理意义不妨如此叙述:导体两端的电压总等于导体中的电流强度和导体电阻的乘积。这一叙述也同样显示了 U、I、R 三个物理量间变化的规律性。但是必须指出,这仅是描述的三个物理量间数量上的变化关系,而没有直接揭示它们之间的本质关系。本质关系是电流强度 I 由导体两端的电压 U 和导体本身的电阻 R 来共同决定,但每次这样决定的 I 都满足 $U=IR$,符合电压总等于电流强度和电阻的乘积这一规律。因此,用 $U=IR$ 来代替欧姆定律也是可以允许的。

事实上,将 $I = \dfrac{U}{R}$ 的物理意义表述为"导体中的电流强度总等于导体两端的电压跟导体电阻的比"也是可以的。因为这也显示了 I、U、R 之间变化的规律性。由于它只能间接揭示 I 跟 U 和 R 之间的变化依赖关系,故一般不被采用。但对 U 这种形式,它能直接显示数量变化关系,在本质联系已经清楚的情况下,用这种形式代表欧姆定律,建立的是整式方程,计算起来是极为方便的。

可见,在研究物理公式的物理意义时,先要弄清公式所反映的各物理量之间的本质联系。有了这一前提,在讨论数量关系时,完全可以采用能直接显示数量变化关系的叙述方式。

二、物理规律的表达方式

物理规律可以用不同的方式进行表达。中学物理规律常用的表达方式有以下四种。

(一)用语言文字表达

用语言文字表达物理规律是很重要的。在用语言文字表达物理规律时一定要注意科学性、严密性和完整性。中学物理教科书中的物理规律,语言文字表达都能在大纲要求的范围内较完整地表达规律的内容。因此,教学中一定要引导学生弄清所讲的物理规律所表达的物理意义,把规律讲活,又不致引起误解和错误。

如牛顿第一定律的语言文字表达是这样的:"一切物体在没有受到力的作用时,总保持静止状态或匀速直线运动状态。"

定律的这段文字表达,充分体现了物理规律的科学性、严密性和完整性。表达中的前一句"一切物体在没有受到力的作用时"指出了规律成立的假想条件,后一句"总保持静止状态或匀速直线运动状态"指出了结论,关键词"或"说明结论是两个,即原来运动的物体保持匀速直线运动,原来静止的物体则保持静止状态。言外之意指出力的作用能改变物体运动状态这一客观规律。

在这条定律的语言文字表达中还蕴含着更为深刻的内容:指出了物体维持原速度运动的原因,因此蕴含了惯性的概念,揭示了力的本质,指出力是使物体产生加速度的原因。

(二)用数学公式表达

大多数物理规律的内容,都可以用数学公式表达出来。但公式的形式一定要符合表达规律的要求。有时候为了讨论和应用的方便,常将规律公式的形式做适当变换,但公式反映的物理规律的意义并不因此而消失。

对于导出定理公式的推算过程,不仅要符合数学规律,而且要符合物理规律。如果推算过程只符合数学规律,不符合物理规律,所得公式就不能成立。

(三)用物理图像表达

用物理图像表达物理规律,可以把物理规律所描写的物理现象和物理过程显得充分而直观,使规律的动态过程形象地表达出来,从而获得对规律的深刻印象。

用物理图像来表达物理规律时,应抓住物理图像所反映的一些特征,如纵轴和横轴所表示的物理量的意义,它的大小、单位,图像和纵轴、横轴交点的物理意义,图像与坐标轴所围面积的物理意义。

三、物理规律教学要求

乔际平教授提出衡量学生是否掌握物理规律的标准是：①知道物理规律是怎样来的，是观察、实验基础上的综合，经验事实基础上的概括，还是逻辑（包括数学的）推理导出；②记住物理规律的文字叙述及数学表达式；③既明确物理公式中每个字母所代表的物理量及所采用的单位，又明确整个公式的物理含义；④要抓住表述规律的关键词语；⑤要明确规律的使用范围；⑥了解物理规律的应用，并能运用物理规律解释有关问题；⑦在学完某一部分内容后，能从整体上把握概念与规律之间的区别和联系，使所学知识做到有序，并能发挥整体功能。[①]

其一，过程清楚。要弄清物理规律的建立过程，通过实例、实验和分析推理过程，揭示出物理量的关系。

其二，理解物理规律数学表达式的物理意义。物理规律往往是通过数学表达式来表示的，学生要明确表达式的物理意义，而不能简单从数学角度去理解。

其三，理解物理规律的适用范围和成立条件。任何物理规律的建立都是在一定条件下完成的，所以学生对于物理规律能够成立的范围或近似要求必须明确。

四、物理规律教学的过程

物理规律反映物理概念之间的必然联系，物理规律教学实质上就是教师引导学生探究物理概念之间的必然关系的认知过程，它一般分"创设情境，提出问题""经历过程，探索规律""精准表述，归纳规律""了解外延，理解规律""巩固深化，应用规律"五个阶段。

（一）创设情境，提出问题

物理规律的发现一般都起始于问题。物理规律的教学与前人发现物理规律的过程有一定的相似性，提出问题也是物理规律教学的第一步。教师有必要对一些探究的物理问题创设一些情境，让学生在观察和

---

① 乔际平.物理学习心理学[M].北京：高等教育出版社，1991：212-213.

体验后有所发现、有所联想,萌发出科学问题;或者创设一些任务,让学生在完成任务的过程中运用科学思维,自己提炼出应探究的科学问题。

（二）经历过程,探索规律

提出问题之后,如果教师直接解释或解答问题,并给出物理规律的表述,那么学生没有经历探究规律的过程,对规律的认识只是表面化的识记,更没有得到科学探究能力的训练。这样的教学忽略了"科学过程与方法",与传统的教学相差无几。学生通过科学探究,经历基本的科学探究过程,学习科学探究方法,发展初步的科学探究能力,形成尊重事实、探索真理的科学态度。在中学物理教学中,建立物理规律的主要方法是实验归纳法和理论演绎法,或者是两种方法的综合运用。

（三）精准表述,归纳规律

在学生利用观察、实验、逻辑推理初步认识到相关的物理规律后,教师要引导学生准确表述物理规律。物理规律的定性表述主要是用文字表达规律的含义,文字要准确,不能有歧义。

（四）了解外延,理解规律

物理规律一般是在一定条件下、在一定范围内建立起来的,它们都有各自的适用条件和范围。引导学生对规律表述的关键词和物理量进行推敲,对相关物理规律进行分析比较,明确它们的区别及联系,形成理论体系,帮助学生深刻理解物理规律。

（五）巩固深化,应用规律

在学生理解物理规律和使用条件的基础上,引导学生运用物理规律解释生活中的一些现象,解决有关的物理问题。通过安排一些典型的例题和习题帮助学生全面理解物理规律,进一步巩固和深化所学的物理规律。应用物理规律解决生活中的问题还能使学生认识到物理知识的应用价值,激发学生学习物理的兴趣和求知欲,提高学生应用物理规律解决物理问题的能力。

五、物理规律教学策略

人类在对物理规律的探索和研究过程中,逐步掌握了研究物理规律的基本方法:实验归纳、理论演绎、理论假说。中学物理规律的教学基本是按照发现物理规律的科学思维方式来开展的,但是每一种探索物理规律的方法有其各自的特点和要求。在物理规律教学中,应该掌握运用这些方法的策略。

(一)实验归纳

通过实验探究物理现象固有的规律,由个别事实出发推出普遍性结论。在教学过程中通过创设物理情境提出研究问题,然后通过猜想、验证方法、设想、实验设计、学生实验、分析比较、归纳结论、课堂练习、布置作业等步骤使学生掌握和理解物理规律新知识。

(二)理论演绎

从已知的物理规律出发对特定的事物或现象进行演绎、推理,从而得出在一定范围内有关物理量之间的函数关系或新的论断,最后通过实验检验就成为规律。理论演绎的教学过程是:提出问题、猜想与假设、数学方法(逻辑关系)、归纳新知识、应用。

(三)理论假说

假说是在物理事实根据还不充分的情况下,在观察和实验的基础上通过想象、猜想提出解释事实和现象的一种设想。它是对新现象的本质与规律的推测性说明和假定性的理论解释。经过实验检验正确后,假说就上升为一种理论或规律。

第二节　物理规律的教学方法

和物理概念的教学一样,物理规律的教学目的,不仅是使学生掌握物理规律,更重要的是使学生掌握物理学的基本研究方法,提高观察实验能力、思维能力和运用规律分析问题、解决问题的能力。

物理规律的教学方法主要有以下几种。

一、模拟法

模拟法就是模拟人们进行物理科学研究的方法,去引导学生进行物理科学研究,从而获得物理知识。实施时先提出研究课题,然后由教师引导学生通过对有关现象的观察分析、实验或推理,得到有关的物理规律。

例如,用模拟法教学"牛顿第一定律"时,要模拟科学家的探索过程,通过观察和思维相结合的方法,让学生自己去发现定律。

第一,分析机械运动产生的原因,引入课题。

教师做如下陈述:通过前面的学习我们知道,一个物体可以是静止的,也可以是运动的;可以做直线运动,也可以做曲线运动;可以做匀速运动,也可以做变速运动。物体做各种不同形式运动的原因是什么?不受力作用的物体的运动情况如何?是静止,还是运动?⋯⋯从而引入课题。

第二,模拟科学家的探索过程,让学生自己去发现定律。具体教学过程如下。

提出问题:怎样使静止的桌子动起来?怎样使运动的桌子静下来?

引导学生回答:用力推桌子,桌子动起来;不用力推桌子,桌子就静下来。

教师质疑:上述说法对吗?下面来看两个演示实验。

演示1:一辆静止在桌面上的小车,用力推,小车动起来;不推,小车仍前进一段距离。

说明没有力的作用,物体就静止下来的结论有问题。

引导学生举出日常生活中如自行车、踢足球、打乒乓球等例子以加深印象。

教师引导学生讨论得出:大量事实都说明,当撤掉作用力后物体还能运动一段距离。

演示 2:小车从斜面上同一高度下滑,在毛巾、棉布、木板三种表面上开始运动时的速度相同。实验结果,小车前进的距离为毛巾表面＜棉布表面＜木板表面。

学生讨论:开始运动速度相同,而车前进距离不同,为什么?

讨论得出结果:小车在三个平面上前进时受到阻力不同。毛巾粗糙,对小车阻力最大,前进距离最小;棉布比毛巾光滑一些,对小车的阻力小一点;木板最光滑,对小车的阻力最小,所以前进距离最远。

设问:把木板换成更加光滑的玻璃,小车前进的距离如何?

学生回答:比在木板上走得更远,因为玻璃对小车的阻力更小。

推理:设想有一个光滑平面,对小车一点阻力都没有,情况又如何?速度会变小吗?

学生讨论回答:小车会一直向前运动,且速度不变。

结论:如果物体运动中不受任何力的作用,它的速度将保持不变,永远沿直线运动下去。

教师:指出通过观察、思维、推理,发现了牛顿第一定律,方法就是当年伽利略的研究方法。是在观察实验事实的基础上,经过逻辑推理得出来的,不是由观察直接得到的。可见推理方法是研究物理问题的一个重要方法。

第三,注意在揭示定律的条件上下功夫,使学生正确理解。

在课堂巩固阶段,必须再次揭示这条定律的成立条件,弄清定律中关键的字、词的含义,弄清此定律和其他相关内容的区别和联系。要通过提问使学生进一步明确定律揭示的是"一切物体在不受力的作用时"这一特定条件下物体的运动规律,结论是"总保持静止状态或匀速直线运动状态"。其中"状态"的含义是指物体的运动速度。当以地球为参照物时,匀速直线运动状态是一种速度大小不变、运动方向也不变的直线运动,静止状态则是一种速度为零的情况。由于物体在某个时刻只能处于一种运动状态,因此千万不能把定律中的"或"字写成"和"字。

从牛顿第一定律的教学实例可知,用模拟法教学物理规律,从认识论的角度看,是符合学生从感性到理性的认识规律的。因此,学生对所学知识容易理解和掌握。同时,学生获得的知识是自己的研究成果,不但兴趣浓,而且印象深。采用这种方法教学,对于培养学生分析问题、解决问题的能力和实验技能,也有重要意义。

二、验证法

验证法是采用证明规律的方法进行教学,从而使学生理解和掌握物理规律。具体实施时先由教师和学生一起提出问题,将物理规律直接告诉学生,然后教师指导学生并和学生一起,通过观察分析有关现象、实验、理论指导,验证物理规律。

验证法的一个最大特点,就是学生的学习十分主动。这是因为在验证规律时,学生已知问题的答案,对于下一步的学习目的及方法已经清楚,所以更加有的放矢。

三、假说实验法

假说实验法是日本国立教育研究所板仓圣宣在1963年提出的一种教学法。其做法是在研究物理现象的规律时,教师先提出几个问题,让学生去判断,提出自己的看法(假设),然后做实验验证。

这种教法要求学生不预习,上课时随时发给学生活页教材,学生读后提出自己的看法,每个学生都表明自己的观点,然后讨论,说明自己持某种观点的理由,并尽力说服不同意这一观点的同学。当讨论比较充分时,开始做实验。简单实验可以由一个学生或少数几个学生完成,重要实验可分组让全体学生都动手做,最后用实验来验证哪种意见正确。这种教法,对于发展思维和提高判断能力是极为有利的。

第三节 在物理规律的形成过程中感知科学思维的方法

关于物理学思维方法的培养,话题由来已久,成果也很丰富。培养的途径多是从习题教学出发,偶有贯穿在课堂理论探讨过程中。其实,我们可从物理规律的形成过程出发,探究科学家的思维,再现事物发生、发展的过程,让学生在过程中感知方法、学习方法,使得学习变得更容易、更有趣,易于吸收,掌握准确。

物理规律在它们的形成过程、表达方式、它们与有关概念的联系,以及各有关物理规律间的联系等方面,都具有不同的特点。同时,它们又是客观现实在人脑中的反映。人们在发现、认识这些规律的时候,又有共同的方法和过程。物理规律,主要是逻辑思维的成果。在物理规律的教学中,尽可能按规律发现过程来设计教学过程,在教师的引导下,让学生在物理规律的形成过程中感知科学思维的方法。

一、弄清物理规律的发现过程

物理规律的发现,大致分三种情形。

（1）有的物理规律,是从有关物理概念的定义出发,经过一步步推理而得到的。例如"力学相对性原理"是从"机械运动的定义"得来的,由"一个物体相对于别的物体的位置改变,叫作机械运动"可见,当选好"别的物体"做参照物后,研究对象（"一个物体"）相对于参照物如果有位置改变,就说它做机械运动,如没有位置改变,就说它静止。

然而,相对于某一参照物静止的物体,相对于别的参照物可能是运动的。可见自然界中没有绝对静止的物体,静止只是相对静止。静止可以看作运动的特殊情况（速度为零的情况）。这样一来,可以说一切宏观物体都在做机械运动。

可是,在描述同一物体同一段运动时,由于这样的参照物不同,就可能有不同的描述,这就是力学相对性原理。

（2）有的物理规律，是经过多次观察和实验，进行归纳推理得到的。

（3）有的物理规律，是根据已知的规律，演绎推理得到的。但演绎推理的结果，需要经过实践来证明。正确的演绎推理，不仅可以解释已发现的实验事实，而且能预测未发现的事实。

二、弄清物理规律与有关物理概念的关系

物理规律与有关物理概念的关系，情况也不一样，主要有两种：

第一，在物理规律中涉及的物理概念，是为了描述规律而引入的。这种情况下，讲清物理概念是讲清物理规律的关键。

第二，物理规律建立之后，发现它里面包含着新的物理概念。因而，规律成为给新概念下定义的基础，这种新概念又是对规律的深化和总结。此时，讲清物理规律又成为讲清概念的关键。

例如，"功的原理"就包含着"机械效率"这一新概念。功的原理是"使用任何机械都不省功"。怎样理解这句话？

①"不省功"，指的是动力对机械做的功不小于机械对物体做的功。

②"不小于"，包括"大于"和"至少等于"两层意思，把功的原理由否定判断改为肯定判断，为"动力对机械做的功大于、至少等于机械对物体所做的功"。

③在一切实际问题中，动力对机械做的功只有一部分转化为机械对物体做的功，是有用功，另一部分动力功消耗于机械本身，是无用功。因此，动力功为总功。

④在使用机械前，自然应考虑使用这个机械时，动力对它做的功到底有百分之多少转化为有用功？这个百分数就是这个机械的机械效率。

把上面的①②③④分析清楚，得出"总功 = 有用功 + 无用功"的关系式，机械效率定义也就可由学生得出来。这样，不仅学生会给"机械效率"下定义，而且他们对功的原理的理解也会更加深刻。

从 $\eta = \dfrac{A_{有用}}{A_{总}} \times 100\%$ 可知，机械效率的定义式就是功的原理的定量表达式。如此学生就能轻而易举地回答如"η 能大于 100% 吗？"这样的问题，这也巩固加深了学生对机械效率的理解。

三、弄清物理规律的建立、深化和发展过程

物理规律的建立、深化和发展,大都经历如下过程(见图 5-1)。

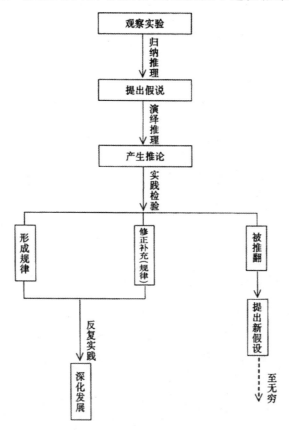

图 5-1　物理规律的建立、深化和发展过程

在多次观察和实验的基础上,进行归纳推理,提出假设;以假设为前提,进行演绎,产生一些推论;再经实践检验这些推论,推论和原假设有三种情况:

(1)完全可靠而成为规律。

(2)部分不合理而得到修正,或不够完满而得到补充,也成为规律。

(3)完全不合理而被推翻。

假设成为规律的,以后经反复实践,逐渐被深化和发展;假设被推

翻的,再提出新假说,新假说同样要经过一个考验历程。

弄清物理规律发展的全过程,可以从全局了解所讲物理规律处在哪个过程中,做到按客观规律讲清物理规律。

第六章

中学物理实验教学

　　从我国当前中学物理教学的现状来看,实验教学仍然是一个薄弱环节。全体物理教学工作者必须进一步端正教学思想,排除教学前进道路上的各种障碍,创造必要的物质条件,使物理实验切实成为中学物理教学的基础。

第一节　实验教学概述

物理实验教学,是以实验形式反映出来的。它是使学生获得物理知识,培养观察能力、操作能力、物理思维能力等的根本途径。物理实验不仅是物理学的重要研究手段,而且在物理学的产生、发展和形成过程中起着十分重要的作用。

第一,物理学是以实验为基础的,在物理理论体系中,主要的物理定律都是在物理实验基础上建立起来的。第二,物理实验是物理学中的重要实践活动之一,物理学中检验物理理论的真理性就是要看由理论引申的结论是否与实验事实相符合、相一致。第三,物理学新的研究领域及物理学新理论的提出,往往是伴随着物理实验的新发现开始的,这一点已被大量的物理学发展史所证实。第四,物理实验中的不断发现能够促进物理理论的不断完善,人们对原子结构的认识历程就充分说明了这一点。

从上述论述可见,物理实验不仅是物理学研究的重要手段,也是检验物理学理论是否正确的标准,是物理教学的重要内容之一。因此,在中学物理教学中搞好物理实验的教学,是发展学生能力和使学生得到科学方法训练的重要途径,是提高中学物理教学质量不可忽视的重要方面。

一、物理实验教学的原则

物理实验教学除了遵循物理教学的一般原则外,根据实验教学本身的特殊性,还必须遵循如下几个原则。

(一)明理性原则

这条原则,就是在实验教学中要说明理由,讲明道理,使学生在明白道理的基础上去做实验。教师不仅要使学生知其然,而且要使学生知其所以然；不但要讲清为什么，而且要讲清如何做，做了有什么用。

（二）主体性原则

这条原则，是说在实验教学过程中要充分重视学生的主体地位，充分发挥学生非智力心理因素的动力作用和智力因素的操作功能，使学生的心理结构的系统功能充分得到发挥，并在实验教学的过程中得到发展。

（三）全面发展性原则

实验教学要促进学生全面发展，即要着眼于学生的非智力心理因素、智力因素、生理结构和功能的发展。实验教学要走在这个发展的前面，主导这一发展，促进这个发展并注意在让学生提高技能的同时，促进学生正确世界观的形成。

（四）情感性原则

在实验教学过程中，教师在巡回指导过程中，要注意情感的运用，注意师生情感共鸣和潜移默化的作用，注意对学生心灵的激励。

（五）立体性原则

物理实验教学要和家庭、社会密切配合，演示实验、学生实验、课外实验要协同作战，对学生的学习形成立体交叉的信息网络。

二、物理实验在中学物理教学中的作用

实验教学是中学物理教学不可或缺的一部分内容，对提高物理教学质量及培养创造性人才具有十分重要的作用。中学物理实验教学形式主要有演示实验、学生课内小实验、学生分组实验和课外实验等。物理实验在中学物理教学中的作用主要体现在以下几个方面。

（一）激发学生学习物理的兴趣，养成良好的学习习惯

实验教学是激发学生学习兴趣的最有效的教学方式之一。教师在教学中，结合教学内容，利用实验直观、形象、生动、真实等特点，激发学生学习的兴趣。通过让学生观察实验和做实验增强学生的信心和学习

的欲望,从而激发学生学习的动机。

在实验教学中,通过实验操作、实验数据处理与分析等内容培养学生尊重客观事实,忠于实验数据,以及严谨治学的科学态度和科学作风,形成相互交流与合作的良好习惯,不怕困难和失败、乐于奉献、遵守纪律的优良品质。

（二）提供学生学习的感知材料,创设教学情境,促进学生对知识的理解

实验教学由于其直观生动的特点,是学生获得丰富感性认识的主要方法之一。实验教学中,教师通过实验,向学生展示精心选择和经过理想化了的直观生动的实验现象和富有悬念的实验过程,使学生对物理事实获得感性认识;同时充分利用物理实验创设问题情境,让学生进入新奇的实验环境之中,激发学生的求知欲望,促使学生带着疑问主动探索新知识,通过简洁的思维活动实现形成概念、掌握规律的教学目的。

（三）培养学生观察能力和实验技能

完成物理实验需要学生通过阅读实验资料、操作实验仪器、观察实验现象、分析实验结果等手和脑并用的实践活动来实现。进行实验教学,使学生的阅读能力、观察能力和操作技能等得到锻炼,并使学生的实际技能及创造能力得到发展。

（四）启发学生思维,学习科学探究方法,掌握科学研究方法

实验是进行科学研究并获得自然规律的重要方法,实验教学具有引导、启发学生思维和促进学生思维发展的功效。实验探究过程需要运用归纳、演绎、判断、逻辑推理甚至理想化的假设等多种方法来综合分析问题,得出结论。教师在实验探究时的启发引导,通过实验让学生经历科学探究过程,培养学生的思维能力、探索精神和创造能力。因此,实验教学可以使学生的观察能力、思维能力、实验操作技能及创造能力都得到锻炼和发展,有利于增强学生的创新意识。

三、物理实验及其方法

在中学物理教学中,常用的实验方法有观察法、控制变量法、放大法、转换法、模拟法、留迹法、理想化方法、累积法、替代法、外推法等。

（一）观察法

观察是对事物和现象的仔细察看、了解,是人们学习认知活动的门户和源泉。学生常用的工具是视觉和听觉,有时还可运用触觉、嗅觉和味觉,包括耳闻、目睹、手摸、鼻嗅、舌尝等。在中学物理实验中,要引导学生观察实验的基本仪器、实验的设备和装置,各种物理现象和数据、图像、图表,以及教师的规范化操作,等等。

（二）控制变量法

在一些实验中,往往存在多种变化因素。为了研究这些因素之间的关系,可以先控制某些因素不变,依次研究某一因素的影响,然后分析得出总体关系。

（三）放大法

在物理实验中,为了更好、更方便地对实验中一些微小量进行测量与显示,有时需对一些量进行适当的放大。放大的方法通常运用在力学、电学、光学等实验中。

（四）转换法

对于某些不容易直接测量（或显示）的量（或现象）,实验中常借助于力、热、电、光等之间的相互转换,用某些容易直接测量（或显示）的量（或现象）来代替;或者,根据研究对象在一定条件下可以有相同的效果做间接的观察、测量。在物理量的转换测量中的关键器件是传感器。

（五）模拟法

有时候由于物理现象比较复杂或实验技术的难度较大,难以直接观察和显示控制,可改用与它有一定相似性、较易行的实验,通过模拟比较,间接地去认识和研究。

（六）留迹法

利用物理原理,把瞬息即逝的现象(位置、轨迹、图像等)直接记录下来,以便能直观地和长时间地保留、比较、研究。

（七）理想化方法

实际物理现象往往复杂多变,为此,实验时常可采用忽略某些次要因素或假设一些理想条件的办法,以便能突出现象的主要因素,取得合理的近似结果。

（八）累积法

某些微小量的测量,在现有仪器的准确度内难以测准,可以通过将这些微小量累积,然后求平均就能减小误差。如要测一页书纸的厚度,可先测若干页书纸的总厚度,然后除以纸张数。

（九）替代法

利用"替代法",可以将测量中某些较难准确测定的物理量变得易测量,从而使不可感知的物理现象变成可感知的,使变化微小的物理现象增大可见度,使不容易直接测量的物理量易于测量。有时还用"替代法"减小实验的误差。

（1）现象替代,即用某些容易显示的现象代替不容易显示的现象。

（2）等效替代,即用效果相同的容易观察测量的量代替不容易观察测量的量。

（3）等值替代,即用已知量代替待测量,当外界条件完全相同时它们是等值的。

（十）外推法

"外推法"是在"图像法"的基础上,将图线经过适当延长,使之与坐标轴相交,然后研究其交点所赋予的物理意义及由此而说明的物理原理。

四、探究物理实验教学策略

（一）主体性策略

整个探究实验学习活动始终要围绕学生"发现—选择—探究—解决问题"这个研究活动过程来设计，以学生的活动为中心，放手让学生自己去研究、探索，把学习活动的主动权交给学生，教师在其中只起指导、领路作用。在设计探究性实验时，要充分考虑如何激发学生对问题情境或探究内容的兴趣和探究动机，要保证探究活动过程对学生的开放性，给学生提供自主探索、自主创造的机会，让他们各尽所长、充分发挥。

（二）目标性策略

教师安排学生做每个实验都要有明确的目标，具体到探究的每一步也要有明确的目标。这里的目标包括知识与技能、过程与方法、情感态度与价值观三方面。当然具体到每个探究性实验，其目标可能有所侧重。只有明确了要达到的目标，探究才有正确的方向，学生才能在探究过程中经受住困难或挫折的考验，从而对探究过程的艰辛与乐趣体验得更深刻。

（三）合理性策略

探究实验设计中的实验原理科学、装置合理、操作程序和方法正确，探究实验设计的全过程都要科学、合理，所采用的设计标准、方法、步骤等都要有一定的理论依据或实践基础，得出的实验结论必须是可靠的。在整个探究过程中，教师要着重培养学生的科学思维方法、观察和记录实验的方法，提高学生的科学素养，使教学符合探究实验设计的宗旨与合理性。

（四）趣味性策略

探究实验的设计要充分考虑学生的心理特点和认知水平，实验设计要生动、有趣。实验要探究的问题应尽量贴近学生的实际，实验的验证和猜想应尽量符合学生的思维和想象能力，实验的设计和操作应该对学生具有一定的吸引力，整个过程能使学生感觉到实验带来的成就感，使学生在进行实验探究时,自始至终保持较大的兴趣。

(五)简约性策略

简约性是指要用尽可能简单的实验方法和实验装置,用较少的实验步骤和器材,在较短时间内达到预期的目的。用简单易行的、合理的实验设计,冲淡学生怕实验准备工作麻烦的情绪;用新材料、新工具降低实验的操作难度。实验设计简约、装置简单、操作简便、节约时间,整个实验过程中没有过多的干扰,学生将主要精力集中在探究目的上。简约就是美,恰当的实验设计既要突出实验重点,又不能受制于冗长的实验步骤。

(六)互动性策略

现代教育理论指出,教学过程是师生交往、积极互动、共同发展的过程,师生互教互学形成一个真正的"学习共同体"。在教学中,存在着师生间、生生间的交往。交往的基本属性是互动性和互惠性。信息交流实现了师生互动、相互沟通、相互影响、相互补充,从而实现了共识、共享、共进。探究实验过程也一样,教师要与学生始终保持互动,做到问题的提出、问题的猜想、实验方案的设计、实验结果的处理等都需要教师对学生进行启发与引导。教师还要时刻让学生与学生之间进行互动,交流和分享实验过程中的一些想法和成果,共同思考解决实验过程中的一些困难。

第二节 物理演示实验

物理演示实验,包括课堂演示与课外演示两种类型。其中课堂演示应用广泛,而课外演示多数在讲座或课外兴趣小组活动中安排。这里主要谈物理课堂演示实验。

课堂演示实验是指教师在课堂教学中,为组织学生观察、思考而进行的操作表演活动。它为学生学习物理提供观察和思考的条件,因此,提高演示实验的效果是提高物理教学质量的重要前提。

一、中学物理演示实验

演示实验是指课堂上主要由教师操作并向学生展示要研究的物理现象,引导学生观察、思考,传授学生知识,有时因操作的实际需要或为了调动学生积极性,也可以请学生充当教师的助手或由学生在教师的指导下动手操作。

在中学物理课堂上,由于物理学科的特点要求教师必须经常在课堂上为学生做各种各样的演示实验,突出某种因素的作用,使单一的、直观的实验可以重复演示、便于观察。课堂上教师将鲜活直观的物理实验现象展现,促进学生更好地理解与掌握物理概念和规律,也可以培养学生的观察能力、思维能力。中学物理教学实践表明,成功的演示实验能展示教师的教学艺术,化枯燥为生动,化抽象为具体,会使课堂教学更加生动且充满乐趣。

通常作为演示实验的教学必须满足以下几点要求:

(1)演示实验要有明确的目的。

(2)演示实验要明显而直观。

(3)演示实验要安全可靠,确保成功。

(4)演示实验对学生要有启发性。

(5)演示实验要以讲解配合,引导学生观察思考。

教师是演示实验的主要操作者,也是学生观察分析实验现象的重要引导者。教师通过精心安排演示实验的教学过程,保证演示实验教学活动达到良好的教学效果。

二、中学物理演示实验的教学环节

(一)预备

向学生说明演示实验的目的,介绍实验所用的仪器、设备和实验的原理,安装好实验装置。这一教学环节的目的是让学生了解将要观察的对象,避免观察时对实验的关键信息的疏漏,使学生在实验过程中能获取详细准确的感性认识,为后面的分析和研究问题奠定基础。

（二）演示操作与说明

教师在课堂上操作演示实验,要注意将教师的演示与引导学生共同分析探讨相结合,主要注意学生对物理现象和物理过程的观察、学生的思维、实验现象和理性思维有机结合三个维度的引导。教师对实验演示与分析引导须根据现场实际情况确定时机和方法。

（三）归纳和总结

归纳和总结是演示实验的重要环节。在实验结束后,教师要引导学生认真对实验过程进行总结,对现象进行分析比较、抽象概括、归纳演绎及判断推理寻找规律,强化学生观察到的物理现象和过程;在学生观察实验现象的基础上,引导学生思维,得出正确的结论。同时教师还要引导学生用这些结论分析实验,让学生在探索实践中获取知识、运用知识,从中学习思维的方法,提高分析和解决问题的能力。

三、开展演示实验的教学研究

随着教学改革的逐步深入,物理演示实验也在不断地完善和发展。可以说,开展演示实验的教学研究是势在必行的。就目前中学物理教学改革的实际情况来看,除了研究如何提高已有的演示实验的效果外,宜从以下几方面开展这项研究。

（一）研究演示实验的设计

演示实验的设计是很重要的。评判一个演示实验的好坏,主要是研究它的设计思想。一个好的演示实验,无论是物理学原理,还是设计思想和实施方法,都应该存在一种优势。但是这种优势,最终要通过演示实验的效果表现出来。

（二）研究如何改进已有的演示实验

在通常情况下,设计一个好的演示实验并不容易,但在已有的演示实验的基础上进行改进,同样可以提高演示效果。因此,在教学中,必须想方设法改进已有的演示实验。演示实验的改进同演示实验的设计一样,也是一项很重要的工作,在物理教学中千万不能忽视。

（三）研究如何突破教学难点,填补演示实验的空白

当前,特别重要的,是要努力开发一些突破教学难点的演示实验,以填补演示实验的空白,使演示实验逐渐完善和系统化。这一点,在教学第一线的教师最有条件,他们研究教材中哪些内容让学生感到抽象难懂,并全力找出解决的方法。

近年来,随着教学改革的进行,不少教师正在把一些演示实验改为分组实验,以取得更好的实验效果。随之,教学的模式也变得更加活泼,学生参与的教学活动也就更加丰富多彩。

第三节　物理学生实验

学生实验有分组实验和课外实验两种形式。这两种形式,都是学生在教师指导下独立获得物理知识与实验技能的活动。近年来,人们已越来越认识到这个问题的重要性。加强学生分组实验和课外实验已是中学物理教改的必然趋势。

一、学生实验的作用

学生实验在整个物理教学中的作用,概括起来,主要有以下几点。

（一）培养和发展学生的非智力因素

培养和发展学生的非智力因素,是我国社会主义教育总目标的要求,是学生健康成长的需要。物理教学的实践证明,学生非智力因素的发展,将有力地促进学生智力因素的发展。当今教学中一个带有倾向性的问题,就是重视智力因素,而忽视非智力因素。学生实验可以纠正这种倾向,通过实验能培养和发展学生的兴趣、意志、情感等非智力因素。

（二）有利于因材施教

因材施教的主要依据是：一是个人差异，二是社会需要。由于每个学生的生理素质、生活环境、后天教育、学习态度、爱好特长等各不相同，因此只有做好因材施教，才能使其各展所长，满足社会主义建设对人才的多层次需求。

物理学生实验，一是分组进行，一是在课外进行，不要求全体学生在相同的时间内完成相同的内容，思考同样的问题。简言之，就是不要求所有学生的思维活动与教师同步进行，应该是异步的。这种异步，不仅不会相互产生干扰，反而可为师生之间的双边活动提供方便。教师可以对不同层次的学生提出不同的要求，指导或解答不同层次学生实验中发生的问题和提出的疑难。可见，学生实验为切实贯彻因材施教的原则提供了良好的环境和条件。

（三）有利于发挥学生学习的主体作用，促进他们的个性得到发展

在学生实验的过程中，学生始终是实验的积极参加者。教师的主导作用发挥得如何，主要取决于学生积极主动性发挥的程度。而学生的学习主动性是实验时的一种良好精神状态，这种精神状态包括知、情、意、行多种心理，主要表现为浓厚的兴趣、高度的热情、坚强的意志和积极的思维。

由于学生实验在时间、内容、深度等方面有较大的灵活性，学生在实验中可以在一定程度上按自己的设想进行实验比较，学生的主体地位可以得到确立。教师在指导时，还应要求学生忠于实验数据、重视客观事实、理论联系实际，又可充分发挥教师的主导作用。两者有机结合起来，学生的个性就能得到较好的发展。

另外，教学实践中发现，我们学生中的一部分人，理论学习的成绩一般，而动手能力却比较强，实验成了他们表现自己和发展优势的好机会。如果教师引导得当，完全可以使这部分学生树立学好理论知识的信心。

（四）有利于培养学生的思维能力

就学生分组实验来说，每组2~3人，必须在统一思想指导下，既明确分工，又相互配合，有时是交换操作。对于一个人来说，思维的指挥作

用更加重要。

每一个物理实验,都有一定数量的仪器。在什么样的原理和条件下,这些仪器能测出什么样的物理规律,因果关系如何? 这些都要求学生有一定的思维能力。如组装显微镜模型,应该首先识别两个不同焦距的凸透镜中哪个焦距长,哪个焦距短,哪个做目镜,哪个做物镜。另外还需借助光屏,使被观察物、物镜、目镜同轴心等高时,才能看到物像。像不太清晰时怎么办? 可见,只有弄清了成像过程的因果关系,才能对理论知识进行具体操作。从这里可以看到,学生实验确实是有利于学生思维能力的培养的。

二、加强对学生物理实验教学的研究

鉴于学生实验的重要地位,应大力加强对学生物理实验教学的研究,其主要做法如下。

(一)将部分演示实验改为学生实验

不少演示实验对培养学生实验技能和开发智力极为有利,因此在条件许可的情况下把一些演示物理概念、规律的演示实验改为学生随堂分组实验,可以使课堂教学基本做到以学生活动为主,充分发挥学生的主体作用,使他们在观察、操作、讨论中,用手用脑,在实践中学习物理知识,训练物理技能。

(二)增加与设计一些新的学生分组实验

增加的学生分组实验主要是:第一,为建立重要的物理概念而增加。第二,为进行复习而增加。第三,为教材中实验性很强的习题而增加。对一些在生产技术中有广泛应用的基本仪器,应设计一些新的实验使学生有反复练习的机会。对教材中实验较少的内容,也要设计一些学生实验,哪怕是电脑模拟的也好。另外,要设计一些测定重要物理常数的实验,这样对学生理解这些常数的物理意义是有益处的。

(三)把学生实验延伸到课后校外

学生物理实验应该走出课堂,因为这不仅丰富了学生的课余生活,而且能培养学生研究问题的兴趣与习惯。

第一,开放实验室。让学生课后去做各种各样的实验,增强他们的实验兴趣,培养他们的研究探索能力。

第二,开展家庭实验。让学生回家去做,器材可来自日常生活用品,也可自己简易加工制成。

总之,加强对学生物理实验的研究,可以把学生引向更加广阔的学习天地,使他们学会因陋就简,就地取材,自己动手,来丰富实验的范围。在实践中不断提高学习能力,养成学习习惯,打好物理基本训练的基础,教学方法也就能随之得到全面的提升。

三、物理分组实验的教学

学生分组实验是学生在教师指导下,在实验室中利用整节课或两节课的时间进行的分组实验。它们一般用于加深理解和巩固所学的物理概念、物理规律,这类实验通常称为验证性的实验。它们也可以用于探究物理事物的规律和解决物理问题,这类实验通常称为探究性的实验。

(一)分组实验的教学要求

中学物理教学设置学生分组实验的主要目的是让学生学习实验的基本知识与技能,训练实验的科学研究方法和态度。

中学生进行分组实验的基本要求是:

①了解基本仪器的构造和原理,能正确使用基本仪器,能按实验步骤正确操作,能排除实验中出现的一般的小故障;

②能正确选择观察目的、内容和方法,如实记录观察现象和数据;

③初步具有发现问题、提出实验研究课题的能力;

④能根据实验目的,设计并讨论实验方案;

⑤掌握实验原理,能编写合理的实验步骤,会设计记录表格;

⑥能用记录测量数据,能正确运算和描绘图线,会用正确的方法处理实验数据;

⑦学会初步分析、处理实验数据,推理出结论;

⑧会写实验报告;

⑨培养认真严谨、实事求是、遵守实验室纪律、爱护仪器等良好的态度品质。

当然,上述分组实验的教学要求是比较高的,应根据不同学生的实际情况,允许对分组实验的教学要求有所差异。学有余力的学生可以要求达到上述的基本要求或更高点;一般学生可以要求适当低一点;而学习有困难的学生可以部分达到上述要求或要求更低一点。

（二）分组实验的教学基本过程

分组实验教学过程一般分为"课前准备""课内操作""课后总结"三个阶段,不同的阶段中教师和学生都有相应的教学活动。

1. 课前准备阶段

采用复习提问、讲解或问答等方法让学生复习、掌握实验所需要的理论知识,明确实验的目的、方法和步骤,了解实验所使用仪器的性能和注意事项。

对学生要求:首先是明确实验目的,理解实验原理,领会实验方法;其次要了解仪器性能、作用,知道使用方法;最后应该做好记录准备。

对教师要求:抓好教学组织,进行器材检查,提出操作规范。

2. 课内操作阶段

在学生操作时,教师进行巡视,启发点拨,使学生能正确顺利地进行实验,以减小误差,防止发生事故。

对学生要求:首先检查、认识、熟悉仪器;其次按照要求安装、调整仪器装置;然后着重规范操作、准确观察、测量、记录;最后结束整理,仪器归位。

对教师要求:及时巡回指导,适当示范操作,引导学生思维,培养良好习惯。

3. 课后总结阶段

实验总结包括数据处理、公式利用、列表或作图、得到实验结论、批改并分析学生的实验报告。

对学生要求:根据观察到的现象和测量的数据,进行分析处理,得出结论,写出实验报告。

对教师要求:指导数据处理方法,分析影响实验结果的因素,对实验中的问题进行分析和讨论。

四、中学物理学生课内小实验的教学

课内小实验是指根据教学需要,学生在教师的指导下边学习边做实验的课堂教学形式。这是一种比较新的实验教学类型。在教师指导下,学生同桌两人一组或更多人一组相互合作,在课堂上利用几分钟到几十分钟的时间进行的一个小实验,或一组系列的小实验,或者是按照一定程序编排的系列阶段实验,实验场地为实验室、教室均可。在新课程教学中,教师根据教学内容的需要,为学生提供一些实验器材(配套正规仪器、自制教具、学具或者随手可取的日常生活用品),让他们通过自己的实验探究来学习知识。课内小实验,既非教师动手的演示实验,也不同于学生的分组实验。它可以更好地调动学生学习的积极性。相比演示实验和分组实验,课内小实验有其独特的优点。

课内小实验的特点在于:在课堂教学过程中,为了给学生提供感性认识,配合教师的讲解插入课内小实验,有助于教师在课堂上变换教学方式,实验灵活,调节课堂气氛;充分调动学生的积极性,能够提供更多的机会训练学生的实验技能和科学研究方法,突出学生在课堂中的主体作用;教师设疑、启发和引导下进行的学生课堂实验探究过程,能够有效地培养学生的思维能力和创造能力。

（一）课内小实验的特点

课内小实验除了具有实验教学的一般特点外,相对而言,它更有利于发挥学生学习的主动性,也能弥补演示实验和学生分组实验的局限之处。

1. 有利于发挥学生学习主动性

课内小实验的教学就要求学生边学习边实验,这就改变了教师讲、学生听,教师写、学生抄,教师做、学生看的那种因学生处于消极地位而使课堂气氛沉闷的情况,突出了学生学习的主体地位。由于学生在学习过程中,自己做实验,还可以讨论对话,因此他们学习的主动性、积极性就能得到较好的发挥。

2. 可以弥补演示实验和分组实验的不足

演示实验主要是教师为学生提供感性认识的过程,学生一般不自己动手活动,只是看演示。学生分组实验一般都安排在新课或一个单元教学之后进行,与课堂教学内容结合不够紧密,导致教学往往难以达到一个好的效果。采用课内小实验的教学形式,能够让学生在教师的指导下边看、边学、边实验、边思考、边讨论,学生学习积极性高,思维强度高,每个学生都能参与到实验当中去,教学往往也有好的效果。

(二)课内小实验的教学形式

课内小实验的教学一般在课堂里进行。进行课内小实验教学可以根据教材、学生及器材的实际情况,采用多种方式进行。

1. 创设教学情境

课内小实验可以用于创设教学情境,达到设疑引探的作用,起到激发学生学习兴趣的效果。如在教学"静摩擦力",让学生做"拉两本页码交叠起来的杂志或课本,拉不开"的实验,然后启发学生思考:为什么拉不开两本页码交叠起来的杂志或课本?这样自然进入静摩擦力的教学。

2. 用于形成概念或得出规律

课内小实验可以安排在课的教学过程中,用来帮助学生形成物理概念或得出物理规律,起到启发、帮助学生理解概念和解决疑难问题的作用。例如在教学"声音的产生"时,可以让学生双手互击,发出声音;用手触摸自己发声时的喉结,感到喉结的振动,体验"声音是由物体的振动产生的"。又如在"平面镜"的教学中,可以用课内小实验让学生得出成像规律。

3. 用于课堂复习巩固之用

在课堂小结时运用一些实验,一方面可以使复习巩固的学习活动变得多样化,有利于活跃课堂气氛,另一方面可以学以致用,有利于知识的巩固和深化。

有些课内小实验可以扩展到课外,如学习了光现象的知识后,可以布置学生课后测量学校旗杆的高度,学生们能想到多种测量旗杆高度的方法:如有利用影子进行测量的,有用平面镜进行测量的,还有用照相机进行测量的,等等。其中,应用的物理知识很多,涉及长度的测量、光的直线传播、光的反射、凸透镜成像等。

总之,课内小实验可以用一整节课时,也可以用半节课或几分钟。根据教学的需要,它可以灵活方便地运用于教学的每个环节。但由于学生在课堂上做课内小实验不会像教师做演示那么顺利,可能会出现意想不到的过程或事件,这就要求教师在课前充分备课,尽可能多地考虑到可能发生的事件,并在教学中灵活地应变。

(三)根据教学实际进行课内小实验

要根据教学需要和实际,决定是否采用课内小实验,以及怎样进行课内小实验。根据教学经验,一般可以将要求不是很高的演示实验改为课内小实验,也可以将教材中某些小实验和实验习题改为课内小实验,还可以将某些学生验证性的分组实验改为探索性的课内小实验。

1.将要求不高的演示实验改为课内小实验

可以将要求不是很高的演示实验改为课内小实验。例如在"物体的沉浮条件"的教学中,原本用铅皮和铅盒来演示物体的浮沉条件的演示实验,可改为课内小实验。让学生在课前准备好一支空牙膏管(尾端剪开)和一只玻璃茶杯。实验时,先让学生把牙膏管捏扁放在水杯里,它在水中下沉;然后将牙膏管鼓起一些,它就能上浮。让学生思考:为什么同一重量的牙膏管既可以下沉水中,又能上浮在水上;物体的沉浮条件究竟是什么。实际上,教师可以对物理教材中不少演示实验进行简化,创造条件让学生在课堂上动手做实验。

2.将教材中某些小实验和实验习题改为课内小实验

教师也可以将教材中某些小实验和实验习题改为课内小实验。例如在学习"功率"时,可将教材安排的"登楼"测功率的小实验改为课内小实验。让学生自己设计实验,动手测量、计算自己登楼时的功率是多少,加深对功率这一概念的理解,对功率的单位也有了一些具体观念,较好地解决了"功率"这一教学上的难点。

3.将某些分组实验改为课内小实验

学生分组实验中验证性的居多,有些可以改为探索性的课内小实验。例如初中物理的"质量的测量"及分组实验"用天平称物体的质量",可以改为课内小实验教学。

进行课内小实验的教学需要一定的实验器材和仪器。这给开展课内小实验教学带来了一定的困难。但是由于课内小实验一般都比较简单,多数都是定性的,有些定量的实验对精确度要求不高,因此,大部分课内小实验的仪器都可以因地制宜,动员师生合作开发制作。

第四节　改进物理实验教法,培养学生创新能力

物理是一门以观察和实验为基础的自然学科,实验教学能为学生正确认识事物及客观规律提供事实依据,又能培养学生观察现象、分析问题、解决问题的能力,同时以其生动的魅力和丰富的内涵为学生发挥创造潜能提供独特的创造性环境。初中年龄段的学生精力充沛、活泼好动、勇于探索,求知欲和好奇心强,具有很强的创新潜能,因此物理实验教学环节应成为培养学生创新能力的重要教育资源。

一、提升物理实验的趣味性

物理是一门实践性和应用性很强的科学,假设、验证、探索的物理实验教学特性,决定了中学的物理实验教学要具有激发学生学习兴趣的功能。它要求教师有效提高物理实验的趣味性,创设趣味实验等新的实验形式,使实验系列化、多样化。

二、物理实验取材生活,联系社会

将"从物理走向生活,从生活走向社会""面向全体学生的物理"这

些理念落实到物理课程教学中,要求整个课程教学贴近生活、贴近社会,使学生学习"有用的物理"。物理实验课程是一门与生活息息相关的课程,我们每个人及周围社会生活的各个方面存在大量的物理现象,这些现象中都蕴藏着深刻的物理原理,但是,从生活中得到的感性材料多来自复杂的运动形态,仅通过简单的讲解有时会遇到很大的困难。教师精心选择生活中的物理现象,创设一些新的物理实验形式,能够使学生对物理事实假设、猜想进行证明,使学生理解日常生活中物理现象的原理,掌握物理基本规律。如鸡蛋握在手中,使劲握也难以破碎,但手拿鸡蛋在碗边轻轻一敲即破。说明鸡蛋紧握在手中时,受力面积大,压强小;而在碗边轻敲时,受力面积小,压强大。可见,压力的作用效果不仅跟压力大小有关,还跟受力面积有关。

三、物理实验的微型化

微型实验同常规实验相比,具有仪器简单、材料少、省时省力、现象明显等特点。微型实验源于生活、用于生活,能极大地激发学生对物理学习的兴趣,有效提高课堂教学的质量。同时,由于微型实验的器材来源广泛,取材容易,可达到人手一套器材的标准,从而能实现人人动手的培养目标。学生通过动手做实验,既训练动手能力,培养创新思维,又增强了自信心,既体验了自主实验的成就感,又强化了实验的参与意识。

四、重视学生能力的培养

物理课程标准实施后,使用的物理教材呈现实验形式多样的特点,教材编排有演示实验、分组实验、课外小制作、插图实验等。其中通过实验的辅助,对许多物理知识进行介绍,激发起学生学习物理的兴趣,加深学生对所学物理知识、规律的理解,提高学生观察、分析、对比和归纳的能力。

第七章

中学物理习题与复习教学

　　一般说来,学生掌握知识需要经过领会、巩固和应用三个相互联系又有区别的环节。巩固、运用知识需要通过习题来实现。习题课是教学中的一种主要方式,通过教师的复习教学,学生把学过的知识系统化、条理化,加深知识间的联系,综合运用所学的知识解决实际问题,是中学课堂教学中的一个重要组成部分。

第一节　物理习题与复习教学概述

从当前我国中学物理教学的现状来看,进行物理习题教学研究,对培养和造就现代人才,具有十分重要的意义。

一、物理习题教学

(一)物理习题的形式

物理习题是教师依据物理课程标准、物理教材,根据实际教学需要,布置给学生独立或合作完成的学习任务。它们可以用于教学过程的任何环节。根据习题的目的、教学内容的要求、学生的知识和能力水平、完成的时间和地点等因素,物理习题可以有不同形式。

1. 课内习题与课外习题

根据习题需要学生在课内还是课外完成的标准,可以将习题分为课内习题和课外习题两类。课外习题又可以分为课前习题和课后习题,课前的习题也可以用于上课的初始阶段。

2. 纸笔类习题与实践类习题

根据做习题的主要手段是什么的标准,可以大致将习题分为纸笔类习题和实践类习题。

3. 客观题和主观题

根据习题答案是否提供给学生选择的标准,物理习题可以分为客观题和主观题。

(1)客观题。

客观题是指题目不仅有题干,而且已经将答案列出,由学生做出选择的题目,如单选题、多选题、判断题。客观题是教学中经常采用的习题类型。它有以下几个优点：结论清晰，答案固定，具有排他性，便于教师迅速而准确地对授课对象的知识掌握情况做出评价，得出客观结论。

（2）主观题。

主观题是指只有题干，答案需要学生独立写出来的那些试题，如概念解释、简答、论述、综合题等。主观题的形式多种多样，可以用于考查学生的思维过程、方法及能力。有些主观题的解答是一题多解的，学生解答这些问题需要发散思维、创新思维等高级思维的运用。这些功能都是客观题型很难实现的。

4. 封闭题和开放题

（1）封闭题。

封闭题一般是指问题的条件、过程和结论都是完全确定的，而且是不多不少的。封闭题的特点是具有"完备的条件""解题过程单一"和"固定的答案"。封闭题定向性强，可以用在不同条件下进行起定势作用的操练，对于学习和巩固新知识是必不可少的。

（2）开放题。

开放题是指问题的条件是不完全确定的，或者解决的过程是多元的，或者结论是不唯一的，甚至是没有标准答案的。开放题的特点是"答案不固定""解题过程不唯一"和"条件不完备"。对开放题的解答，学生需要综合各种知识和能力，进行独立分析和思考，提出对问题的不同看法，获得多种解题途径并筛选最佳方案。因而解答开放题具有培养学生求新、求异、求佳思维能力的作用。

5. 选择题、填空题、问答题、作图题、计算题及实验题

（1）选择题。

选择题通常提供一个题干，后面备几个答案，供学生选择。选择题有单选和多选题之分。选择题题干的表述要清晰和明确，一般用肯定式表述；各个选择项之间要有一定的相似性和迷惑性；整个试卷中要避免出现解答的线索，正确的选项要随机排列。选择题的优点是覆盖面广，答案的客观性使评卷产生的误差小，对学生的基本知识的掌握情况有较好的检测作用。但由于答案不能反映学生的答题过程，学生对选择题的解答可以猜测，因此选择题一般难以用于检查学生解题思维过程的严密性、合理性。

（2）填空题。

填空题是在题干中留有空缺,让解题者填写一个术语,或一个词语,或一句简话。从填空内容上看,填空题主要有两类:一类是定量填空,另一类是定性填空。填空题表述必须清晰,没有歧义;填空内容一般要求简短和具体,不能是冗长的;上下文不能有填空内容的线索;对数字的填空要说明精确程度和单位;所有填空题的空格都要相同。填空题题小,覆盖面广,形式灵活,可以用于训练学生准确、严谨、全面、灵活运用知识的能力和基本运算能力。

（3）问答题。

问答题一般不需要计算或者只需要进行简单的计算,采用简单的口头或者文字回答。解答这类题目对于培养和训练学生运用语言和文字正确表达自己的思想,合乎逻辑地阐明物理问题的本质,具有重要作用。

（4）作图题。

作图题的解答,要求学生根据已有知识按照要求作图。例如,在力学学习中画力的图示。这类题目可以用来考查学生对物理图形、图像的理解和运用图像解决问题的能力。

（5）计算题。

计算题是指以定量的计算为主来解答物理问题,它包括简单计算题和综合计算题。简单计算题中研究对象的物理模型和物理过程单一,运用到的物理概念、规律也比较少,有时只需用一两个定义、定律即可得到解决。这类习题主要用于巩固知识,训练解答和计算的基本功。而综合计算题,也称综合题,一般指研究对象比较复杂,或研究对象所涉及的现象是多方面的,或研究对象所进行的过程比较复杂,需要灵活运用较多的概念、规律和方法,有的甚至是需要与其他科目有关知识结合起来方能解答的题目。这类习题对于加深理解知识间的联系,扩展知识领域,特别是培养学生分析、灵活运用知识的综合能力,发展学生的高级思维能力等具有重要的作用。综合题要适时、适量,不可过深、过难和偏怪。

（6）实验题。

实验题是以实验情景编制,要求学生完成实验设计、仪器选择、连接方法、故障诊断等的题目。有的实验题,需要学生做实验,根据实验观测到的现象、数据、结论,而后得到解答,如测定某物质的密度等。有的实验题,可以不用实验,只用相关实验知识就可以解答,如运用已掌握的基础知识和实验技能,独立地进行实验方案的设计。

（二）解物理习题的常用方法

解题方法有很多提法。从思维方式来分,有分析法、综合法及它们的综合运用;从处理问题的角度来分,有隔离法（如受力分析中的隔离法）、整体法、等效法、图像法、微元法、逆向法、反证法等。

1. 分析法与综合法

分析法、综合法及它们的综合运用是解物理综合题的有效方法。分析法是从题中待求量开始,把反映待求量的物理公式找出来,如果在这个物理公式中又出现新的未知量,则再找出含有这个新的未知量的关系式,一直找到最后的关系式中的量全部已知为止。

综合法是从习题的已知条件出发,根据题设的条件和已知量的关系,建立一系列的关系式,然后把这些关系式综合,建立起和待求量有联系的关系式为止。

综合法解题是从已知条件入手,根据物理规律,把反映各个物理过程的量用公式表达出来,然后综合各式而求解。

在许多情况下,分析法与综合法两者综合优化运用于解题,在解决复杂的综合题时特别有效。

2. 隔离法和整体法

隔离法和整体法是分析题目中的对象的两种最基本方法。

隔离法就是将物体（局部）从物体系统（整体）中隔离出来加以分析的方法,而研究隔离出来的物体比较方便,有利于问题的解决。

整体法就是将两个或两个以上的物体视为一个系统（整体）加以研究的方法,使用这种方法,无须考虑系统中各物体间的相互作用,使得解决问题变得便捷。

3. 等效法

等效法解题是在保证某种效果（特性和关系）相同的前提下,将题目中实际的、复杂的物理问题和物理过程转化为等效的、简单的、易于研究的物理问题和物理过程来进行问题解决的方法。

4. 图像法

利用图像法,能对题意的理解更为直观和简便。图像的斜率、截距、交点、面积都能很直观地表示研究对象的运动变化情况,有助于问题的解决。

有些看似很复杂、解题过程较为烦琐的物理习题,通过应用物理图像分析求解,往往可以取得事半功倍的效果。

5. 微元法

微元法就是把研究对象分割成无限多个无限小的部分或把物理过程分解成无限多个无限短的过程,然后抽取其中一个"微小部分"或"极短过程"加以研究的方法。其思想与数学中的极限和微积分的思想是一致的。这些"微元"不仅是任意的,而且具有代表性。利用微元法,往往可以将曲线转化为直线,将曲面转化为平面,将变量转化为常量,将非理想模型转化为理想模型,使复杂问题变得简单。

6. 逆向法

有的物理习题解答,用常规思路往往受阻。利用逆向思维进行分析,有时可将正向思维受阻的问题化繁为简,化难为易。常见的逆向思维有力的合成与分解的可逆转换等。

7. 反证法

反证法的解题思路是:先提出一个与命题的结论相反的假设,然后从这个假设出发,经过正确的推理,导致矛盾,从而否定相反的假设,肯定原命题正确的一种方法。

(三)物理习题的选编原则

选编合适的物理习题,使之既能帮助学生深化物理概念和规律,又能使他们切身体会到这些习题能解决学习中的困惑,进而听从指挥,认真去做。要做到这一点,就需要教师依据教学大纲和教材,从各种资料堆中,针对具体的物理教学内容,精选出目的明确、难度适宜的习题,作为例题和练习之用。

1. 选编习题要从教学实际出发, 兼顾多数学生的学习水平

选编出来的习题教师都应亲自解过, 在解答中加以比较, 使选编出来的习题符合多数学生的实际情况, 千万不可猎奇, 求偏求怪。就一个具体课题教学来说, 还要区别出哪些题可以选作例题, 哪些题宜在课内练习完成, 哪些题留作课外练习比较合适。就教学全过程来说, 则应考虑哪一具体课题宜放些什么题, 哪些题适宜于单元复习或毕业总复习, 哪些题适宜放在课外兴趣小组, 等等。教学中只有全面考虑, 通盘安排, 才得以免于入"题海"之苦。

选编习题时要注意质量和数量的辩证统一, 照顾到多数学生的学习程度。在保证质量的前提下, 如果数量不足, 则完不成教学任务; 数量过多, 又加重学生的负担; 题目太易, 则浪费学生时间; 题目过难, 又要伤害学生的学习热情。

在选编习题时, 要用好教材和教学参考书。教材和教学参考书中的习题应予"首选", 要发挥这些习题应有的作用, 有时还要用这些题拓宽加深, 做到一题多用, 举一反三。另外, 也不排斥从其他参考资料中选一些好题, 作为教材和教学参考书上习题的补充。值得强调的是教师在选编习题时, 一定要先"下水"。因为只有通过自己去做, 才能准确地掌握分寸, 使所选编的题与教材密切配合, 起到它应有的作用。可以说, 在某种程度上, 教师选题不"下水", 以多求全, 盲目堆砌, 也是形成题海的重要原因之一。

这里要特别提出的是例题的选编。对例题的选编, 要起到示范的作用。

第一, 要能激发学生的求知欲。学生学习了有关概念规律后, 很想用它们解决一些实际问题。因此由浅入深地选编一些例题, 对激发学生应用所学知识探索问题极为有利。

第二, 要在立足于巩固、深化基础知识的同时, 着眼于培养学生分析问题和解决问题的能力。选编例题的目的, 就在于加深学生对物理概念和规律的理解和掌握, 与此同时, 通过对例题的分析和求解, 有利于培养学生分析问题和解决问题的能力。教学中选编一些典型性较强的题, 启发学生从多角度思考同一物理现象, 有利于学生开拓思路, 找到规律。

2.选编习题要有利于学生掌握不同类习题的解题思路和解题规律

选编习题应该有的放矢,一定要有利于学生掌握各类习题的解题思路和解题规律。这些不同类型习题的各不相同的解题规律,对同一类型的习题来说,是带有普遍性的。教学实践的经验证明,只有学生掌握了不同类型习题的解题思路和解题规律以后,才有可能触类旁通,达到以少胜多的目的。许多有经验的物理教师,对于具体的解题规律,都在实践中进行了归纳总结。

例如关于运动学习题的思路规律是:

①根据题意确定研究对象;

②明确物体做什么运动,并画出草图;

③考虑运动过程的特点,选用反映其特点的公式;

④建立坐标系或选定正方向,列出方程;

⑤求解,必要时再进行讨论。

为了使选编的习题有清晰的解题思路和明确的解题规律,所选习题的物理图像应该清晰。也就是中学物理中所研究的对象和过程在理想模型情况下所遵循的规律。

(四)物理习题课教学策略

物理学科是相对较难学习的一科,很多学生总会有这样的疑问:"老师,您上课一讲我就会,就是在自己独自解题时不会做,不知如何下手。"为什么上课听得懂,而自己不会做?因为要由听懂变成会做,就要在听懂的基础上,分析思考,归纳总结,讲究策略,多加练习,方能掌握其中的奥妙和规律,真正变成自己的东西。将物理理论知识内化的过程就必须通过习题来实现,同时,习题教学也是学习和运用科学方法的一种有效途径,习题教学还可以培养学生论述及表述问题的逻辑性、条理性和准确性,培养学生的唯物主义的世界观及学会辩证地分析事物的方法。

1.习题课存在的问题

目前中学物理习题教学中,存在教师教学达不到预期效果的问题。

(1)学生中存在的问题。

①目标不明,思维混乱。

部分学生不明白解题的目的是什么,通过解题需要达到什么效果,不重视解题的过程,而是随意尝试。

②做得多,想得少。

具体表现在虽按规范的解题步骤解了大量的物理题,但只是依照教师的方法照葫芦画瓢,没有形成自己的思考和思路。

③粗做多,精做少。

这类现象是有些学生也做了大量的题目,但不注意分析物理过程,不规范写出解题过程;有些学生语言表达能力欠佳,在做题时虽然给出了文字说明,但是其他人很难看懂,出现表达不到位或者啰唆的现象。

④把物理问题数学化。

有些学生在接到题目时,首先是把自己想到的、会写的公式全写下来,套用公式得出结果。有些题套不到合适的公式,因为这种题需要学生多想一步,并不是简单套用公式就能解出来的。这些学生没有将物理知识内化成自己的知识,只是机械地套公式。

⑤缺乏审题能力。

具体表现在拿到题目后,不懂得从哪里入手、哪些地方是关键的、已知条件是什么、隐藏了哪些条件,不懂得还原物理模型。

(2)教师在教学过程中存在的问题。

①题海战术。

目前,部分物理教师的教学中存在着抢时间的做法,采用题海战术,对布置的作业不加选择,将各种试卷、复习资料原本发给学生,使得学生成了解题机器。机械模仿、简单重复代替了创造性劳动,其结果是耗时低效,挫伤了学生的学习积极性。

②一步到位。

有的教师在教学中放弃了基础题的训练,直奔高难度的习题,追求"一步到位"。这种忽视双基训练、拔苗助长的做法,其结果是学生对知识的理解不深。而对于学生在学习上反映出来的问题,教师则寄望于教学过程的几次循环,但由于在教学中违背了学生的认识规律,欲速则不达,教学效果可能并不理想。

③高难度和高密度。

有的教师在教学中试图通过大量例题来代替对基本概念和基本规律的理解,忽视了自己教育的对象——学生的能力和基础,脱离了学生的实际。

2. 习题课的定位

（1）习题课的功用。

习题是教材结构体系的重要组成部分，是使学生系统、牢固地掌握基础知识和基本技能，进而发展智力，培养思维能力不可缺少的载体。教师可以通过科学设计，实现以题串知识、以题拓思维、以题练能力、以题提素养、以题带方法的目标。

（2）习题课的内涵。

习题课是教师根据教材的内容和学生对知识的掌握情况，在课上进行的以总结、练习和讲解为主的一种课型，其中讲解是指引学生突破知识难点的有力手段，总结是使知识系统化的重要措施，练习是引导学生检查和运用知识的主要环节。它可使学生完成从理论知识到实践的飞跃，高效的习题教学在提高学生思维能力、帮助教师了解教学效果方面有着重要的作用。通过习题教学，学生可以进一步活化、深化基本技能和基础知识，起到牢固地掌握概念、深刻地把握物理规律的目的；教师可以更好地分析学情，查漏补缺，适时调整教学方法、内容和进程；习题课还可对学生未能灵活运用的知识和解题能力进行补偿。

3. 习题课课型

物理教材课后习题是经过专家筛选后的精品，教师在习题课的题目编排中，应优先考虑课本中的例题和习题。

主要习题课型有：

①巩固型习题课：在新概念、新规律建立时，为巩固认识新知识的内涵、条件、范围及基本运用方法而设立的习题课。

②掌握型习题课：在新概念、新规律建立时，为掌握某种科学思想方法而设立的习题课。

③问题解决型习题课：以培养和提高分析问题和解决问题的能力为目标而设立的习题课。

④综合型习题课：为沟通所学各部分知识间的内在联系，提高灵活运用知识的能力而设立的习题课。

⑤实验操作型习题课：以培养学生通过实验来探究物理规律、发现物理问题等能力为目标而设立的习题课。

⑥讲评型习题课：针对学习过程中学生对知识理解的错误及运用

知识解决问题时普遍存在的问题，以收集、分析、整理、展示学生作业和考试中的常见错误，点拨纠错为目标而设立的习题课。

二、物理复习教学

任何学习过程都需要巩固。我国古代教育家孔子就很重视学生知识的巩固，他经常强调要"默而识之""多见而识之"。识者，记也，就是说知识学会之后，还要牢固地记住它。所以孔子提出"温故而知新，可以为师矣"。

要牢固地掌握知识，必须跟遗忘做斗争。心理学研究表明，记忆之后，遗忘立即开始。而且遗忘的过程是不均衡的，开始遗忘的内容多、速度快，以后则遗忘的内容少、速度慢。学生在学习进程中所谓的新旧知识是辩证统一的关系。如果旧知识遗忘了，就为学习新知识增加困难，不能巩固地掌握已学过的知识，就不能使新旧知识发生联系，发展学生的智力也就成为一句空话。因此，学生要想真正掌握物理知识、发展智力，就必须重视复习等一系列巩固工作，牢固地掌握已学过的知识。否则，如果对学过的内容不复习，边学边忘，新旧知识联系不紧，学习就会中断。所以，一定要在温故的基础上知新，在知新中温故，才有可能把物理知识真正学到手。

（一）物理复习教学的任务

复习是物理教学的一个重要组成部分，是帮助学生巩固知识、发展智力的教学手段之一，是一种特定的教学形式。物理复习教学的任务有以下三个方面。

1. 使物理基础知识系统化

物理基础知识就系统学的角度来说，有概念系统、规律系统、实验系统和能力系统几个方面。而复习无非是一个用以求得知识和能力系统化的过程，它不应是简单的重复，而应是一个建立知识与能力系统并达到温故知新的过程。这里，结合初中物理的复习来谈。

第一，物理概念的复习。物理概念的复习，是整个物理复习教学的基础。物理概念的复习为什么如此重要，以至成为复习教学中第一重要的事？这是因为只有把物理概念复习好了，才有可能更好地去复习物理规律和物理实验。可见,概念复习的好坏,将直接影响到整个复习教学的成效。也只有把概念复习搞好,才有可能把整个复习教学真正搞好。物理概念的复习一般可分两步。第一步采用列表归纳的方法,建立概念系统。第二步,对一些重要的物理概念,再做进一步复习。要求在以下两个方面下功夫,以达到理解概念的物理意义、区别类似概念的目的。

第二,物理规律的复习。对物理规律的复习,同物理概念的复习一样,先要归纳出规律的系统。

第三,物理实验的复习。物理实验复习是提高学生实验技能、巩固加深他们实验知识的重要一环。物理的实验系统可分为物理仪器的使用、物理量的测量及物理规律的研究三个方面。

2.使学生对关键内容更好地理解和运用

复习既要注意到查漏补缺,更要注意使学生对关键内容更好地理解和运用。物理教学大纲所规定的内容,一定要通过复习,使学生全面掌握。但由于内容较多,如果平均使用力量,不分主次,不抓关键,必然理不出头绪,也不利于理解和运用。因此,教师应有意识地引导学生抓关键,使之对全局有清楚的认识。

为了有效地使学生对关键内容更好地理解和运用,要注意两点。

(1)复习计划的制订要尽可能符合多数学生的学习实际。

复习指导的一个基本出发点,应使学生自己把握复习的主动权。因此,复习计划的制订要体现如下特点:

①既注意知识的覆盖面,又要突出重点和关键;

②要引导学生把精力放在提高概念理解的深度上,要针对个人的薄弱点下功夫,使之彻底弄懂;

③要重视理解概念之间的因果关系、制约关系、规律的条件和适用范围等纵向联系及概念之间的区别、类比等横向联系;要留给学生足够的时间,进行一定数量的练习和实验,让学生进行自我评价。

(2)复习方法要能调动学生的主动性和积极性。

要使复习对全体学生都有帮助,复习方法是很重要的。有不少教师总是只按"讲解—练习—讲解—练习"的程式进行,结果必然是困住了学生,且由于方法的单调引起的厌倦心理将会大大地压抑学生的主动性,从而降低复习的实效。建议教师先提出具体复习要求,然后放手让学生根据自己的学习实际进行复习。如复习力学时,可以把教材划分成

几大单元。如第一单元包括力、物体的平衡、运动定律、直线运动等内容,在这几部分中要引导学生搞清楚以下几点:

①主线是什么?（牛顿运动定律）

②关键是什么?（物体受力分析,受力情况跟运动状态的关系）

③主要内容有哪些?

④要特别注意的问题有哪些?

具体内容应是学生思考的结果,不应是教师的讲述或板书。特别是最后一个问题也是因人而异的。由于教师只是提出要求,这就促使学生自己去复习教材内容,弄清学习中曾经遇到的困惑,厘清一个单元的脉络,从而对这部分内容有了一个总体认识。在以后的课时中,教师可以进一步提供条件,有目的地组织学生观察一些现象,讨论一些问题,探索一些实验,以加深对概念和规律的理解。在讨论过程中,教师是组织者,不时起点拨作用,整个过程中的设问、质疑及得出正确结论全由学生解决,学生是思考、讨论的主角,学生的学习完全是主动的。

（二）物理复习教学的作用

从教学的角度讲,复习的作用是,防止学生产生永久性遗忘,强化记忆,加深对知识的理解,弥补平时学习中的知识缺漏,巩固所学知识,形成良好的知识结构。复习还有促进学生发展和教育的作用。通过概括而系统的复习,可以区分知识的主干和分支,并进一步掌握研究和处理问题的方法,有助于学生形成良好的认知结构,有助于逻辑记忆,通过教师的示范、指导和启发,学生逐步学会自己进行有效复习的方法,从而锻炼和培养学生的分析概括能力、记忆力,有利于进一步激发学生学习物理的兴趣和主动精神。

总之,复习对于学生掌握知识、培养能力和发展非智力因素等方面有着重要的作用。

（三）物理复习课的类型

根据复习的方式、间隔时间的长短可将物理复习课分为如下几类。

1. 平时复习

平时复习主要包括引入新课的复习,巩固新课的当堂复习,以及学生课后复习等,涉及的内容较少,安排的时间也比较短。

（1）引入复习。

为了引入新的教学课题,教师经常在教学开始阶段,结合所授新课内容的具体情况,适当安排复习旧知识,为学生学习新的教学内容打下良好的基础。

（2）当堂复习。

课堂教学中巩固环节的复习是指为了巩固新授知识内容,教师经常在教学中安排复习巩固环节,对当堂所授知识内容进行复习。这种复习并不是对所授知识的简单重复,而是综合和概括当堂教学内容,把新课内容与学过的知识进行比较,找出知识间的联系,并把新内容纳入知识结构中去。根据遗忘过程"先快后慢"的规律,教学要抓好课上及时复习。在讲授新知识的课中,可以采用边学边复习的方式,也可以通过当堂分析典型例题或让学生做适当的练习来进行复习。

（3）课后复习。

课后复习是指为了巩固课堂教学成果,教师课后要安排和指导学生对所学知识及时复习,要引导学生养成课后先复习学过的知识,然后再完成作业,最后做练习和习题的良好习惯。

2. 阶段复习

阶段复习主要包括单元复习、整章复习、期中复习与期末复习等。阶段复习时间相对较长,其主要任务就是引导学生把学过的知识条理化、系统化,使学生理解知识间的内在联系,掌握物理知识结构。物理教学一般安排的阶段复习包括以下四种类型,即单元复习、期中复习、期末复习和总复习。这里需要注意的是,教师复习时必须把前后知识联系起来分析,挖掘知识的内在联系,使其纵横贯通,对知识进行重新组织,形成合理的知识结构。

3. 总复习

总复习实质也属于阶段复习。在物理总复习中,应着重抓好以下几个阶段的工作。

（1）全面复习,夯实基础。

第一阶段复习中应做到:一要抓系统,要以课标和课本为基本依据,进行基本概念和规律的全面复习;二要抓条理,要引导学生自主地梳理知识,让学生自己对所学知识有一个条理性的全貌认识;三要抓补缺,要针对学生的知识缺陷,查漏补缺,弥补其知识的薄弱环节,纠正其对概念和规律的错误理解。

（2）重点复习,抓住关键。

第二阶段复习要做到:一要根据课标、教材和考纲,突出重点和关键。二是对于有紧密联系、学生感到不容易区分的知识,采用分专题复习,以取得事半功倍的效果。三要精讲精练,精讲就是教师要精要地分析重点、突破难点,不能不分重点、一般和次要知识,长篇大论;精练就是要让学生有针对性和恰到好处地练习,使学生学会知识的迁移,起到举一反三的作用,不能盲目让学生进行题海训练。

（3）综合复习,注重提高。

第三阶段的复习中,要引导学生在较大的范围内把知识贯穿起来,抓住重点、难点和关键,精选那些解题方法巧妙、一题多解、一题多变的习题,让学生练习,从而进一步提高学生分析和解决问题的能力。还要进行适应性训练或模拟训练,重点是帮助学生提高应试能力,锤炼心理,适应考试,提高解题速度和正确率。

（四）物理复习的意义

复习是物理教学的基本形式之一。复习的目的不仅要使学生巩固已经学过的内容,而且还要温故而知新,包括知识的加深和技能的扩展,同时对各种能力进行训练和再提高,尤其是使学生的知识系统化能力、分析解决问题能力、创新能力达到一个新的高度。

1. 巩固知识,增强记忆

根据心理学研究,学生在学习新知识、认识新事物的时候,遗忘就已经同时开始,为了防止遗忘必须要及时复习。

2. 知识条理化、系统化

有效的学习需要通过复习,从新的高度去认识原来所学的知识,把零散的、片断的知识条理化、系统化,并适当地拓宽和加深,纳入知识结构。新知识如不能纳入已有知识结构,就容易被遗忘,即使不被遗忘,也不能充分体现出它的价值。

3. 弥补知识缺陷, 解决教学遗留问题

学生在初学某一概念或规律时, 不可能理解得很深刻、很全面; 对于知识间的内在联系, 不可能通过一两节课的教学就掌握好。同时, 学生在理解新知识的过程中, 还往往会出现某些错误或缺陷, 遗留各种问题。通过课后及时复习可以进一步纠正学生认识上的错误, 弥补知识结构上的缺陷。特别是对于一些易混淆的问题、一些难理解的概念, 复习时通过对比可以帮助学生进一步澄清认识, 加深理解。

4. 学会学习, 促进能力的发展

学习新知识和技能往往要以旧知识和技能的掌握为基础。复习不仅是一个巩固已学的知识和技能的过程, 也是为进一步学习做准备。通过复习、巩固知识、提出问题、进行新知识学习的过程, 往往也是学生学会学习的过程。复习也要用到一些方法, 这些方法的习得与强化, 也能帮助学生学会学习。

(五) 物理复习课存在的问题

复习课要突出对新授课知识的补充、充实、完善和深化, 突出整体构建、方法迁移和综合应用, 突出思维的拓展与科学方法的形成。要立足双基, 突出发展, 通过整体构建和综合应用落实思路和方法的培养; 既要最大限度地挖掘学生的潜能, 又要避免脱离学情的"一步到位"; 要突出复习的必要性, 让学生明确要深化、完善的重点和要求, 以及要探究的思路与方法。

1. 知识的系统性问题

在基础知识的复习过程中, 教师往往按教材顺序对知识进行重现, 虽然在深度上能够达到课程标准的要求, 但往往缺乏对知识的宏观的纵向和横向之间的概括和总结。虽然在复习纲要和很多参考书上有知识网络图, 但未被教师和学生充分重视和很好地使用, 往往在一章的开始只做介绍性的解说, 一带而过。缺少从整体到部分再到整体的知识系统化过程, 造成的结果是学生在头脑中对知识的记忆是零散的、混乱的一些"点", 并没有按照知识之间的逻辑关联形成线和网, 即知识系统化的程度不高。

2.复习课的设计问题

当前,部分教师在教学设计上,存在重新授课设计、轻复习课设计的情况,片面地认为,复习就是对已经学习的知识进行简单的回顾,主要以习题训练代替真正的复习。这种复习课,缺乏对整个章节或单元的思维方法、知识结构的把握,缺乏对物理概念的内涵和外延的深层次理解,缺乏对学生思维能力、解决问题能力的培养,以及概括升华能力的培养。

(六)物理复习课的教学环节

复习课的过程不会每次都相同。但它们有一些基本的环节:简要阐明复习课的目标和主要内容;师生系统梳理基础网络,弥补知识缺漏;选择典型例题讲解或组织学生讨论,加深对知识的理解与应用;学生独立练习,教师巡视辅导;师生共同小结与讲评;布置作业。这些主要的复习环节在实际教学中的安排可以根据实际有所变化。如对学习能力较强、基础较好的班级,可适当突出学生在复习中的主体作用,加强预习自学、独立训练、自我检查,结合教师适度点评,帮助学生释疑解惑,巩固知识。

1.阐明复习目标和内容

教师要认真学习、钻研"课标"和"考纲",根据复习的内容和学生实际,确定复习目标。复习目标主要有:一要让学生梳理知识间的横向和纵向联系,进行知识的综合;二要让学生进一步巩固和深化所学的知识,强化知识的重点和难点;三要让学生通过复习提高分析和解决问题的能力。

要向学生简明介绍复习的主要内容,使学生明确复习的知识要求和复习的重点。复习课的内容要做到不是简单的"炒冷饭",而要有所创新。在复习课向学生阐明复习的目的和内容可以让学生在复习过程中做到心中有数,有的放矢地参与到复习活动中来。

2.梳理知识与技能网络

针对教师提出的复习目标和内容,教师应当让学生对已学知识进行自我梳理、整理归类,并对遗忘的知识进行强化记忆;也可以让学生查找自己掌握知识的漏洞和薄弱环节,从而带着问题进行复习。

在引导学生梳理知识网络的过程中,要注意激发学生复习的兴趣。不少教师的复习课常常简单重复已学知识,没有考虑学生的兴趣,这样的复习效果就好不到哪里去。因此,复习课要考虑学生的学习需求和兴趣。

3. 典型例题示范,查漏补缺

教师要在清楚了解学生对知识掌握好坏与差异的基础上,针对学生学习中存在的问题,有的放矢,对症下药,进行典型例题讲解。教师的例题示范不应当是教师的独角戏,而是师生双方互动的过程。教师例题示范,一方面要遵循由易到难、循序渐进的原则,澄清学生中的疑难问题;另一方面,这种澄清学生疑难问题的过程是通过启发学生思维和解决例题过程中完成的。一些难点、疑点、易混点、知识盲点等,都要让学生思考讨论。学生通过积极思维后,教师给予及时引导、启发和必要点拨,对学生的知识进行查漏补缺。

4. 学生独立练习,教师巡回指导

复习课要让学生独立做一些练习。题目要有一定的代表性和普遍性,既能涵盖本节课的知识内容,突出重点和考点,又有一定的综合性,还能体现能力形成的层次。要提供一些学生错误率高的题目进行一题多变和一题多解式的练习,培养学生的发散思维能力。

在学生练习过程中,教师要巡回视察,及时指导。在巡回指导过程中,教师要着重通过了解学生的解题思路、解题方法等方面的问题,剖析他们在知识与技能方面的漏洞与缺陷,以便复习时查漏补缺。

5. 共同小结,交流评价

学生独立练习后,教师应要求学生对复习内容及练习做出小结。学生一般可以独立或者分组交流,通过比较、分类、概括,对复习知识形成更加结构化的认识,加深对所运用的技能的理解。必须说明,在学生的小结过程中,允许学生相互探讨,相互修改补充。必要的话,还可以让学生或小组在班上呈现自己的小结。

为了巩固和提高学生的复习效果,应当要求学生在小结中进行反思和自我诊断,检查自己是否理解了知识、掌握了必需的技能,原来的疑

问是否已经解决,还存在哪些问题,等等。

总之,复习课与其他的课一样,虽然教学有法,但也要根据实际的教学情况,灵活多变。究竟采取何种复习方法上好复习课?教师要研究学生对于复习课的心理需要,根据复习内容、学生实际情况、复习的效果等因素而选择多种方法的综合运用。

第二节　物理习题教学的组织及优化

一、物理习题教学的组织

物理习题教学是物理教学全过程的有机组成部分。在物理习题自发地渗透到物理教学的各个角落的情况下,我们更要重视物理习题教学。重视物理习题教学,就要深入揭示物理习题教学的特点和规律,认真组织好各个教学阶段的习题教学工作,逐步改进和完善物理教学过程。

(一)物理习题的教学原则

物理习题教学应突出物理概念、规律、理论、方法的基本特点,发展学生的认识能力,学会把物理知识应用于实际的技能技巧,有目的地培养学生良好的思维品质。具体说来,至少必须遵守以下几条原则。

1.目的性原则

物理习题教学要服从于整个物理教学的目的,培养学生扎实的基本功和优化的学习方法,增强他们解决未来问题的能力。

2.科学性原则

物理习题教学的科学性原则主要是指选编题目不能脱离科学性,习题内容应与教材实际和学生实际密切结合,处理好解题教学与物理知识之间的辩证关系。因为事实上,物理概念和规律是解题的理论依据,解题过程又能使学生已知的物理知识进一步深化。

科学性原则还要求习题的难易程度要迎合学生的兴趣和水平,要能使他们从解题开始到结束始终处于思维的最近发展区。教学中切忌采用"题量大、难度高"的不科学的训练方法。不科学的训练方法既容易挫伤大多数学生的学习积极性,也达不到使学生理解和深化知识的目的。

3. 整体性原则

物理习题教学要从物理教学的整体出发,处理好它与概念教学、规律教学、实验教学之间的分工协作关系,使他们密切配合、互相促进,充分发挥各自的职能。教师在教学时,对每节课、每个单元都应选编一些习题,做好统筹安排,如:引入课题用哪些题,理解、巩固知识用哪些题,课外作业用哪些题,习题课中用哪些题,等等。

4. 发展性原则

解题过程中,能够有效地发展学生的各种认识能力,有利于培养学生的思维能力。因为通过解题,引导学生挖掘习题的内涵和外延,弄清物理过程,还原为物理模型,可以培养学生思维的广阔性;一题多变可以培养学生思维的变通性;一题多解可以培养学生思维的独创性。

另外,通过习题教学,可以培养学生的各种非智力因素。在物理习题教学中一定要克服盲目性,增强自觉性。在选编习题和指导学生解题时,千万不可忘记发展性原则。

(二)物理解题的基本过程

物理解题属于问题解决的范畴,是认知心理学的一个重要课题。从信息论的观点看,解题过程是一个复杂的信息处理过程,解题者则是一个信息处理系统,解题就是系统与问题的相互作用。这种作用,用通俗的话来说,就是根据习题所提供的条件,进行分析变换、推理论证,最后求出正确结果。物理解题的基本过程,归结起来有如下几方面。

1. 审清题意

当我们拿到物理习题时,切忌草率下笔或断章取义,乱套公式。首要的一条就是要仔细读题,审清题意。审清题意,是整个解题过程的开始,也是整个解题思维过程的基础。审题时,先要从物理实质上分清哪些是已知、哪些是未知,哪些是现象、哪些是本质。题中涉及的基本概念有哪些,这些概念间有何联系。特别要注意追寻概念间的相互关系,发现题文中的隐含条件。在此基础上,再将习题内容条理化和系统化,寻找解题关键,明确解题途径。教学过程中一定要强调不审清题意的危害性。

2.探索思路

探索思路,就是在审清题意的基础上,抓准关键,揭示本质,通过分析、综合、推理、论证等手段,寻求最佳的解题方案。由此可见,探索思路是物理解题的关键,是十分重要的一步。探索思路,可在根据题意给自己提出问题、明确任务、促使自己为解决问题和完成任务并积极思维的同时,要求学生动手动脑,寻求解题方法和途径。此外还要注意拓宽思路。对于同一个题目,由于每个学生的基础不同,解题中要鼓励大家从不同的角度去分析,得出多种解题方法。对于一些较复杂的、较难的物理题,要逐步养成冷静思考、细心分析、沉着应变的良好习惯。

解题思路是解题思考方法的具体体现,是解题的中心。探索解题思路的途径有三条:

第一条,再生性思路。

这是通过记忆和迁移的途径,形成正确的解题思路。对物理图像相类似的习题,就可以采取这种方法。无论是记忆形成思路还是迁移形成思路,都离不开对习题的分析研究。学生在平时的学习中要学会选择典型习题分析解题思路,在实践中不断总结形成解题思路的途径,将再生性思路逐步转化为创造性思路。

第二条,逻辑性思路。

这是按照严密的逻辑,采用分析法和综合法,从未知到已知或从已知到未知,形成有步骤的解题思路的途径。鉴于学生对分析法思路形成的途径容易掌握和运用,因此,这里谈一下这条思路。

用分析法解题时,采用"执果索因"的倒推方法形成思路,即从要问的问题本身出发,不断设问,逐步向前递推到已知条件,最后再返回到结论,求出结果。这种追根溯源,使思维不断受到启发,容易找到解题思路之源。

逻辑性思路与再生性思路相比,思维能力的要求要高一些,但思路仍然较为呆板。对于一些讨论性或有多个答案的习题,再生性思路和逻辑性思路常常显得无能为力。因此,必须借助科学思维和其他方法,开辟新的思路。

第三条,创造性思路。

创造性思路是根据题设的物理图景,依靠掌握的知识结构,用灵活多变的方法探讨已知量与未知量的联系。

创造性思路的探索,要以再生性思路和逻辑性思路的训练为基础,循序渐进,才能有效克服思维上的台阶,最终学会以不变应万变的思想方法。

3. 解答题目

解答题目,是指通过审清题意和探索思路,在厘清解题思路和找到解题方法的基础上,从已知到未知,从现象到本质,把解题的思维过程正确地表达出来。解答题目的过程,不但要注意表达的内容应该严谨周密、层次分明、合乎逻辑,并且书写格式要合理、完整、规范,还要养成学生一丝不苟、自做自查的良好习惯。

对一题多解的习题,要培养学生善于将几种解法进行分析、比较,从中选出最简、最巧的解法。经常这样做,学生就可以从题海中得到解放,他们的创造性思维能力就可以大大提高。

4. 总结方法

解题要注意总结方法,揭示习题的内在联系与解题规律。对物理习题的解法应进行及时总结。例如力反映了物体间的相互作用,正确地分析物体的受力情况是解答物理力学习题的基础,也是学生应具有的最基本、最必要的能力。通过对一些具体习题进行受力分析,学生能够知道在千变万化的习题中,物体的受力分析也是有规律可循的。再如通过各种类型习题的总结,学生可以掌握解决习题的思路和方法,能做到举一反三、触类旁通,以相对的不变去应付万变,做到解一题通一类。就是遇到较难的综合题,也能有章可循,不至于束手无策。

在总结方法的过程中,要认真回顾一下:自己是怎样思考的?解题的关键在哪里?成功的经验和失败的教训有哪些?与此同时,必须对答案进行一番探讨,以扩展学生的思路,化知识为能力。探讨的方面主要有:

第一,要从物理意义上对答案进行检验。

第二,要根据已知条件,对答案做出合理的解释。

第三,要对所求答案进行由表及里的推理,以便做出完满的解答。

（三）上好物理习题课

习题课是物理习题教学的一种重要形式。在讲过若干重要的概念和规律，或者在某个教学单元之后，一般都应该安排以解题指导为中心的习题课。

习题课是中学物理教学的常用课型，它是以练为主的，以练助懂，以练求熟，以练求巧。通过习题课的口练、笔练、脑练（积极思维），加深对概念、规律的理解，从练习过程中总结出最适宜的解题方法。习题课确实是培养学生能力、发展学生智力的好途径，从对习题的分析和多种解法的尝试，可以开阔学生的眼界，培养他们独立思考、独立分析和独立解决问题的本领。

二、物理习题教学的优化问题

中学生普遍感到物理难学。难学的集中表现就是在解答物理习题时经常会发生差错。他们对教师课上讲的能听懂，课本上的例题能看懂，但是一旦独立解题，往往错误百出。造成这种局面的原因当然是多方面的。有教的方面的原因，有学的方面的原因；有校内的原因，也有校外的原因。最根本的还是习题教学本身的问题。目前习题教学的课堂效率不高，课内信息量较少。因此，一定要大力改革物理习题教学方法，变注入式为启发式，变单向传授为双向交流，把习题教学的教法与学生的学法结合起来，探索习题教学最优化的途径。

物理习题教学的最优化，就是探索在一定条件下，使习题教学活动处于最佳状态，能高效率培养学生的解题能力和创新思维能力，大面积地提高物理习题教学质量，减轻学生学习负担，促进学生的全面发展。

要使物理习题教学处于最佳状态，首先要明确在习题教学中，学生是认识过程的主体，要根据中学生的认识规律和中学物理教学目标进行习题教学，运用信息论、控制论、系统论的基本原理，改革物理习题教学；其次要充分发挥教师的主导作用，在以练为主线的习题教学中激起学生解题的兴趣，培养学生分析问题和解决问题的能力，发展思维，从而实现习题教学的最优化。

（一）用三论的基本原理贯穿物理习题教学的全过程

物理习题教学过程从信息论看，是师生交流信息的过程。过程中充满着信息的输入、处理、贮存和输出。在此信息交流系统中，学生不但获得贮存信息，而且还在贮存信息过程中形成能力和发展智力。但是，增加学生有效信息输入的关键是教师，取决于教师对教材的掌握、对学生学习实际的了解，取决于教师教学程序的设计。在教学中，一定要控制好信息的输出速度，切实提高习题教学的效率。

现代教育理论认为，能力是依附于活动并在活动中表现出来的。在开放性的习题教学活动中，能反映出学生诸种能力的参与，使习题教学有序，常见的有：

第一，采用启发式教学，鼓励学生互相讨论、互相交流、互相竞争、互相合作，使学生的学习成为开放系统。要经常组织学生评析错误思路，及时发现谬误，促进师生之间的信息交流，形成多渠道、多方位、多层次的信息网络，通过相互评价，促进互相合作。

第二，鼓励学生多向思考，加强思维条理性训练，教会学生正确的思维方法。加强从单向思维到立体思维的训练，从收敛思维到发散思维的训练，从习惯思维到创造思维的训练。合理联结有关贮存信息，设计符合实际的思维程序，促进双向联想。尤其要增加反例练习，让学生在判断谬误中理清思路，获取知识。

第三，开展各种辅助性课外活动，使物理习题教学成为开放性系统。准备一些智力性测试练习，在限定的较短时间内让学生完成，克服学生"快而不准"的弊端，从强化学生思维的灵活性、敏捷性方面来培养。

物理习题教学，只有通过反馈信息，才能实现有效控制。习题教学中的反馈路线主要有两条：一条是经过学生的学习效应显示，直接提供给教师，借以改进教法，这是学对教的反馈，叫作学向反馈；另一条是教师对学生的输出信息做出评价，向学生提供反馈信息，这是教对学的反馈，叫作教向反馈。为了提高习题教学的效益，就要设法激发和加强反馈功能。所以，在习题教学过程中，教师要巡回辅导，及时点拨，及时检查练习效果，以调节、控制教学过程，及时改进教学方法。

（二）精选习题，采用最佳教学方法

精选习题，是习题教学优化的主要组成部分。选题时一定要坚持以下几条：

（1）坚持以少胜多，以精胜全。

任何一个学生，要想把所有习题都做一做，是绝对不可能的，也没有这种必要。因此，教师在选题时一定要坚持以少胜多、以精胜全，要选那些有针对性、典型性、覆盖面大的习题，使学生每做一题都有收获。

（2）坚持灵活多样。

物理习题有各种类型，精选习题时要根据各教学阶段所要完成的教学任务，通盘筹划，保证习题教学优化的实施。在复习提问、新课、巩固、习题课、单元复习和总复习等教学阶段中各做多少题？做哪些题？用何种题型？这些内容都要事先安排好。另外，选题要不落俗套，尽量做到灵活多样，具有趣味性和新鲜感。

（3）坚持因材施教。

即使是一个班级，学生的学习水平也是参差不齐的。了解学生，因材施教，是习题教学优化的重要课题。教师要经常调查分析班级的特点，以及每个学生的学习水平、兴趣特点，在习题教学中从大多数学生的学习实际出发，面向全体学生。对于成绩暂时落后的学生，应要求他们完成掌握基础知识所必需的习题；对于成绩较好的学生，则应要求他们做一些较高层次的习题。这样做，可以使各类学生在习题教学中都得到应有的发展。

应当指出，物理习题教学的方法是很多的。但不论是教师示范还是学生解题，不论是家庭作业还是习题课，教师都应根据习题教学的目的、内容和学生的实际水平，选择能用较少时间收到较大效果的方法，逐步提高物理习题教学优化的水平。

（三）深刻理解物理思想，着力培养学生的思维方式和解题技巧

1.深刻理解隔离和累积思想

物理学本身是以力联系而构成的一个无限整体，整体的每一部分又是由更小的物质要素通过相互间力的联系而构成整体的。因此，隔离和累积思想是由物质整体属性决定的处理物理问题的物理思想。

隔离思想的实质，是从整体入手，灵活地选取有关部分或整体作为研究的对象，使之揭示各部分及各部分与整体间的联系，从而探求解题捷径。这里的关键是找出各隔离部分之间联系的物理量。

累积思想同隔离思想一样,是处理物理问题的重要思想,在物理习题的优化教学中要给以足够的注意。

隔离思想和累积思想作为物理教学的锐利武器,在力学中有广泛应用。为了使学生深刻理解这些思想,教学中要尽可能多举实例,使学生切实体会到隔离思想和累积思想是一个问题的两个方面,是教学中微分和积分思想的体现,是辩证的统一。理解了这些物理思想,可以受益终身。

2.着力培养学生的思维方式和解题技巧

习题教学优化的一条有效途径就是要着力培养学生的思维方式。这里着重谈两种方式。

(1)使静态思维方式变为动态思维方式。

静态思维是与动态思维相对立的以"静"为主的思维方式。特点是静止僵化、墨守成规,常使教学处于被动状态。而动态思维是一种运动着的、调整性的、不断优化的思维活动,它要求学生用运动、变化、联系的观点分析问题,即根据客观条件的变化进行由此及彼、由表及里的联想。

运用动态思维方式研究、处理物理问题,容易弄清有关内容的联系和变化,以便及时把握住事物的本质。这种思维方式对培养学生的辩证思维能力和创新能力有着重要的作用。

(2)使习惯思维方式变为发散思维方式。

在传统的课堂教学中,教师的讲解常占主导地位。这种讲解,易使信息不畅,学生也只会习惯性思维。为了改变这种局面,习题教学必须引导学生讨论辨析,使学生间、师生间知识上互相补充,思维方式上相互启发,情感上更加融洽。特别是一题多解的发散思维方式,足以促进学生智力品质的顺利发展。

对于物理习题教学的优化,实施起来也不是那么容易的。一般地说,在揭示现象之间的因果关系和规律的习题教学中,不妨从课本习题入手,步步深入,引导学生在原有知识和解题技巧的基础上,突破常规的思维方式,独立解决较深层次的习题。

第三节　中学物理复习教学方法

要顺利地完成物理复习教学的任务,教师不仅要认真选择教学方法,还应指导学生掌握科学的复习方法,以使复习教学能收到事半功倍的效果。

原则上来说,凡是教育学上论述的各种教学方法都可以用于复习教学。这里,结合物理学科的特点,介绍几种常用的复习方法。

一、阅读分析法

阅读分析法是最基本也是最重要的一种复习方法。因为任何时候,学生的学习和复习都不能离开对课本的阅读和钻研。课本,既是教学之本,也是复习之本。就是说,复习教学的内容,只能包含在课本之内,不能超越于课本之外。

复习,不仅仅是知识的再现,而且是进一步知新的过程。因此,阅读课本时,对于物理概念和规律的叙述,要逐句推敲;对于规律、公式的推导,要弄清来龙去脉。使阅读课本的过程,变成对课本的提炼、活用和深化的过程。

二、单元复习法

每讲完一个单元(或一章)而进行的复习,叫作单元复习。要通过阅读分析将课本上最本质的东西抽出来,将平时学到的零散知识精心组织和思维加工,变得系统化和条理化。

单元复习,一定要抓住本单元知识间的内在联系,进行归纳概括,才可收到应有的效果。

单元复习的另一种形式是把同一个内容从最简单的到中学最难的都集中于一起。每一个单元自成一个体系,各单元合起来构成整个中学物理系统。这种划分方法的缺点是同一块知识前后难易相差很大,各块之间仍有割裂之感,难以适应不同类型学生的学习。为了克服这些缺点,提倡结合教学实际,把教材进行再加工,可以几条线并进,以求互相沟通,减少遗忘。

复习中,除了要注意以书为本、突出重点、突破难点外,更要注意做到全面复习,广中求深。

三、专题复习法

这种方法是以知识内容和物理方法为脉络加以组织而成的。中学物理的大专题分为四类:

一类是中学物理中应用广泛的重点内容;

二类是中学物理中常用的物理方法;

三类是重要的解题技巧;

四类是一些重要的物理思想。

用这种方法进行复习,学生兴趣浓,对于提高学生的能力有很好的效果。但教师工作量很大,组织好一个专题,就如编一本小册子。从基本概念和规律的讲解、例题的选择、习题的配置到效果的测定都需要做全新的安排。

四、实验复习法

实验复习,应该在原有的基础上扩展实验课的内容,使学生获得新的知识和新的技能。为了达到这一目的,实验复习最好以设计思想横向拓宽。因为实验的设计思想是很巧妙的,可使学生从中受到科学方法的启迪,对培养他们的科学思维能力和使他们将来自觉地运用这些实验方法从事科学研究是有重要意义的。这里以"替代法"为例做一说明。

第一,引导学生归纳分类。

先要求学生把课本中所有用"替代法"设计的实验都找出来,然后引导学生从"替代的作用"这个角度把"替代法"设计的实验归纳分成四类:

现象替代:用某些容易显示的现象代替不容易显示的现象,如温度计、气压计用水银柱的升降代替气温、气压的变化等。

等效替代:用效果相同的容易观察、测量的量代替不容易观察、测量的量。

等值替代：用已知量代替待测量，当外界条件完全相同时，它们是等值的。

模拟替代：用某些相似的形象化的物理模型代替不能感知的物理现象。

第二，对每个实验，要学生弄清：为什么要替代？怎样进行替代？为什么能这样替代？替代后会造成什么误差？替代时注意什么？

弄清上面一些问题，也就弄清了实验的目的、原理、步骤、产生误差的原因，达到了复习的目的。

第三，布置实验展览。

根据设计思想布置成几块，要求学生在设计思想指导下重做这些实验。有的实验同时用几种方法设计的，可在各块都布置一个。

第四，要求学生用设计思想做指导，对课本中的实验进行补充、改进、拓宽。

这一步的目的是要开拓学生的想象力。尽管同学们的许多想法是片面的、不可行的，但这样可使他们的思维充分发散。然后再引导他们从科学性、可行性方面对自己的设计进行研究，有的再动手做一做，找出失败的原因。这样做，对培养学生的思维能力和创造能力是十分有益的。

复习教学除上面四种常用的方法外，还有不少方法，可以说是多种多样的。而且随着教学实践的不断丰富，还将出现更多有效的方法。随着办学条件的逐步改善，现代化的教学工具的使用，也会给复习教学带来新的生机。值得指出的是，为了提高复习效果，往往是几种复习方法交叉联合使用，以期达到最优的结合。

第四节 核心素养视角下的物理习题课教学范式

中学物理教学过程中，习题课的教学必不可少。核心素养理念倡导下的物理教学中，培养科学思维能力尤为重要。为了最大限度提高复习效率，将科学思维能力的培养真正落实到课堂中，现总结出在习题课教学中非常重要的三个"一"。

一、一题多解,开拓思路,培养思维的发散性

教师在平时教学中要有意识地引导学生在求解物理问题时尝试多种解法,多方位思考问题,即从不同的思维视角去审视问题。长期下来能够有效地克服思维定式,对开拓思维、培养思维的发散性和创造性均有帮助,能够提高解题能力。

二、一题多变,拓展延伸,训练思维的深刻性

一题多变,即从不同角度和侧面改变题设的条件或结论,从而改变思维的视觉和空间,这对高阶思维能力的培养很有帮助,这必将使学生把思维引入更深层次,从而有助于其提高解决问题的综合能力。

三、多题归一,培养思维的系统性、收敛性

如前所述,一题多解与多题归一是物理训练的两个方面,一题多解有助于拓宽思路,多题归一则有助于知识系统化。通过对典型题的分析,抓住问题本质属性,有意识地对问题进行归类,培养思维的灵活与变通性,学会触类旁通,从而提高解题能力。

总之,在高中物理教学中,教师要巧用一题多解、一题多变及多题归一的方法,让同学们多向思考,循序渐进,通过多题归一的变式方法,做到一通百通,举一反三,这样才能真正做到培养学生的思维能力和提高复习效率。

第八章

中学物理课堂教学反思

　　新一轮基础教育改革不断深入,对中学物理教师的专业化发展提出了更高的要求。这对中学物理教师来说,既是一次机遇也是一次挑战。从根本上看,能否从思想上重视和理解课改的基本思想,能否从专业的角度做好准备,是关系到物理课程教学改革的目标能否实现的关键。世界范围内无论哪个国家的哪次课程改革,如果没有教师的理解和支持,是无法取得成功的。

第一节　中学物理教师应具备的素质能力及专业发展

一、中学物理教师的知识结构和职业素养

随着时代的进步,我们对教师专业化发展有了新的认识,对其中的内涵又有了新的理解。教师的劳动是社会总劳动的一个重要组成部分,具有特殊性、复杂性、艰苦性、创造性特点。这种劳动为社会创造精神财富,传承人类文明,推动社会发展和人类进步。

（一）物理教师的知识结构

1. 扎实的专业知识

从物理课程与教学改革的实践来看,在物理教育教学过程中要求教师掌握一定的专业知识,了解物理学科的产生、发展和变化的过程,提高自身的科学文化素养是十分必要的。所谓物理教师的专业知识,是指作为一名合格的物理教师所必备的专业方面的知识,其中主要包括物理学知识、物理学方法论知识和物理学史知识。

认真学习、牢固掌握物理学专业知识是对物理教师最基本的要求。物理教师必须掌握普通物理学、理论物理学和现代物理学的基本理论和基本方法。此外还应懂得必要的数学、化学、天文及生物技术等方面的知识。

科学方法是人类认识客观世界的工具和手段,物理知识的讲授、学习、运用也离不开物理学方法。从学生学习的角度看,通过物理教学,学生掌握物理学方法,感受物理学方法的重要性、科学性和它们的广泛应用,也是十分必要的。中学物理教师具备一定的物理学方法论和物理学史知识,无论是在自身对物理学知识的理解与掌握上,还是在物理教学中分析、讲解物理知识和对学生传授物理学方法上都有重要意义。

2. 丰富的教育科学知识

现代教育的发展,要求每一位教师必须掌握教育科学知识,懂得教育教学规律。科学的教育理论可以给教师以正确的教育观点,从而使教师建立正确的学生观和发展观。教师劳动的特点决定了教师的教育教学工作一定要以科学的教育教学理论为基础。只有这样才能顺利开展教育教学工作。

中学物理教师要掌握的教育科学知识主要包括教育学、心理学、教育测量与评价知识、教育科学研究方法和物理学科教学论等方面的知识。物理教师必须努力学习物理教育教学理论,认识和掌握教育教学规律。通过学习,逐步形成科学的世界观和方法论基础,注重理论联系实际,在实践中灵活运用教育教学理论创造性地发现和培养人才。

3. 必要的人文社会科学知识

现代科学一方面继续高度分化,一方面高度综合。当今世界,知识更新的速度超过以往任何一个时期。面对我国基础教育课程和教学改革发展的新形势,物理教师不但要有物理学和教育科学知识,而且要有一定的人文社会科学方面的知识,具备一定的哲学、美学、逻辑学、文学及系统科学等方面的基本知识,真正做到博学多才,这样才能更好地胜任新形势下的教育教学和科研工作。

(二)中学物理教师的职业素养

1. 良好的职业道德素养

任何一门学科的教学都必须是促进学生全面而富有个性的发展的教学。虽然依靠教师的知识结构能够传授人类积累起来的优秀文化遗产,但是强调学生的全面发展则在很大程度上取决于教师的职业道德和人格因素。中学物理教学过程中实现学科课程目标,不仅需要物理教师注重传授知识、发展学生能力,还要注重培养学生的情感态度与价值观,培养学生的学习兴趣、良好的道德品质和行为方式,培养学生的爱国主义和科学世界观。

作为物理学科教学的组织者、指导者和参与者,教师最重要的任务就是用正确的世界观、崇高的思想品德塑造学生,使年青一代人格的心智成长与道德成长协调发展。

我们通常所说的"为人师表""教书育人",实则反映了教师在学生生活中的重要地位,说明了教师在学生心目中的形象。教师的思想品德、精神气质、志趣情操等,都有可能在学生的成长道路上产生潜移默化的影响。中学生的模仿能力极强,可塑性极大,情绪起伏不定且易受外界影响。教师可以很好地利用这些,先正己而后要求,不断提高自己的政治思想觉悟,加强自身的品德修养和职业技能,在身教、言教中起模范表率作用。

2. 爱岗敬业

作为一个专业和一门职业,特别是我们目前把教师专业化和职业化发展作为一项事业要求,我们已经认识到,任何职业道德,都是把爱岗敬业作为基本的职业道德要求。热爱教育事业,是教师的美德。

3. 关爱学生

关爱学生是教师职业道德的核心,是教师忠于人民教育事业的具体表现。充分地尊重学生、关爱学生,迫切希望学生个个能够成才、成人,以对学生的尊重、关爱、期待为基础,形成对学生的严格要求和管理。只有关爱学生,才能自觉地去教育学生。

中学教育应促进全体学生的全面发展,又要求关爱学生不但要关心爱护优秀学生,更要关心爱护暂时落后的学生。对学习上有困难的学生要多加关爱,千万不可歧视、厌恶、排斥,而要以极大的热情和耐心教育他们、帮助他们。

(三)熟练的教学能力

教师所具有的熟练的教学能力不仅反映了教师这个职业与社会其他职业的根本区别,同时也反映了教师职业的特点。面对新世纪我国基础教育迅速发展的现状,教育对教师的要求也越来越高,其中教师的教育教学能力的培养和提高的重要性日益显现。

1. 组织教学能力

任何教学工作,总要通过一定的组织形式来实现。在物理教学中,教师为了完成一定的教学任务,达到课程标准所提出的所谓"三维"目标,就必须考虑这样一系列问题,如:怎样安排教学时间、空间及其他条件才最有效?用什么形式组织师生双方的活动才最为成功?如何根据学科的特点发展学生的智力水平,培养学生的创新精神和实践能力?熟练地掌握与运用恰当的组织形式和交流形式是一位合格的物理教师必备的素养。这部分内容与教师教学技能的研究是一致的,主要包括语言表达技能、讲解技能、板书技能等。

2. 物理实验教学技能

物理实验教学技能主要包括:

(1)实验设计能力。

实验设计能力是指在理解和掌握了实验目的、实验原理、实验方法等的基础上,具体设计、实施实验的能力。主要包括实验本身的设计和安排上的设计。课堂教学中的实验应配合教学内容、简易可行,学生动手的器材应是容易操作的。对在课堂上应什么时候演示,学生观察什么,如何观察,学生什么时候自己动手做,操作什么,记录什么,都要考虑周全。

(2)实验演示操作能力。

实验演示操作能力是指对实验仪器、设备、工具及实验过程进行动手操作演示的能力。包括实验仪器的安置、调试、演示、读数、记录等。对装配仪器要全面布局,掌握各种仪器、设备的调节方法,要按实验规则进行实验操作和演示,能够及时排除实验故障。

(3)实验观察能力。

实验观察能力是指对实验的现象、结果进行定性观察与定量观测,并能指导学生进行观察的能力。

(4)处理实验数据能力。

处理实验数据能力是指通过对实验测得的众多数据进行分析处理,以获得某些量的变化规律或量与量之间的函数关系的能力。

(5)学生实验的组织与指导能力。

依据课程标准和具体的教学计划要求,对学生实验进行组织、实施,主要涉及分组如何安排、注意事项等。对学生实验进行指导,在学生动手前交代仪器使用方法,实验时指导学生观察什么、记录什么,先做什么、后做什么,分析故障的产生和误差的消除方法,在实验时指导学生及时排除实验故障,给予学生适时和必要的帮助。

3.物理教育教学研究能力

物理教育教学研究就是对物理教学实践中出现的理论和实际问题做出科学回答的过程。通过对物理教学进行科学研究,得出具有普遍指导意义的物理教学新的规律,发展原有的或创立新的物理教学理论。物理教师具备较强的物理教学研究能力不仅是物理学科教学发展的基本要求,也是教师专业化发展对物理教师提出的新的要求,同时也是认识和理解当前基础教育课程和教学改革试验中出现的各种问题的一条捷径。

二、中学物理教师继续教育的内容和途径

新知识、新思想、新观念、新技术层出不穷,使每一位教师都面临着严峻的挑战。中学物理教师必须不断学习有关的知识,掌握相应的技术和手段,不断地进行继续教育和在职提高,否则便不能适应新形势的要求。

(一)中学物理教师继续教育的内容

1.进一步提升政治思想觉悟,加强教育政策和法规的学习

在普通中学教学岗位上勤勤恳恳工作的广大中学物理教师应具有良好的政治素质,热爱教育事业,积极探索新的形势下如何解决物理教学面临的众多问题,努力学习和掌握马克思主义的基本理论、思想、观点和方法,寻找思想品德教育与学科教育教学的结合点,正确认识和理解社会主义阶段的现行政策,坚定社会主义信念,加强政治思想学习。

同时,我们也发现,在有计划、按步骤的学习过程中,应当进一步加强马克思主义基本理论的学习,特别是辩证唯物主义和唯物辩证法的学习。辩证唯物主义和唯物辩证法是马克思主义的重要组成部分,在探索物理教学规律过程中离不开唯物辩证法的指导。近代科学技术飞速发展,知识更新周期缩短,人们迫切需要在方法论上取得新的突破。系统论、控制论、信息论、耗散结构理论、协同论、突变论等方法论的新成就丰富了唯物辩证法的内容,对当前科技发展起了巨大促进作用。物理教师应在辩证唯物主义思想指导下,吸收方法论的新成就,并灵活运用于

物理教学之中。

对党和国家的教育方针的学习,要结合转变教育观、人才观、学习观和学生观。社会主义教育观认为,教育应主动适应社会、经济、政治、科技发展的需要,教育要为社会主义现代化服务。教育要为人的全面发展服务,在具体的教育教学工作中,要发挥各学科内在的思想性和教育性因素,面向全体学生,减轻学生学习负担,促进学生全面发展。

2. 深化和更新物理教师专业知识

教学中,物理教师主要通过系统的专业知识技能的传授、情感态度和价值观的教育、智力的开发,来完成培养人才的任务,因此物理教师的专业知识不断深化和更新显得格外重要。这里,主要涉及以下几个方面:

(1)学习教育理论知识和教学指导性文件。

从 20 世纪 50 年代开始,世界范围内的科学教育改革浪潮不断涌现,科学教育、教学的理念和方法也在不断发展。

①教学理论。布鲁纳的课程结构理论、赞可夫的教学与发展理论、巴班斯基的教学过程最优化理论、布卢姆的"掌握学习"理论和教育目标分类理论、皮亚杰的认知发展理论和建构主义理论等。

②教学方法。改革开放以来,我国物理教育研究和改革空前活跃,各地普遍开展教学方法改革,对我国物理教育的发展起到了推动作用,其中影响较大的主要有启发式综合教学法、有序启动式教学法、"实验—综合—探索式"教学法和讨论式教学法等。

③中学物理教学指导性文献。以往物理教师在具体教学过程中,通常依据教科书领会教学大纲的基本精神,很少关心物理教学指导性文件的整体特性。对物理教学中相关知识点的要求也存在着因人而异的情况。年轻教师普遍存在拔高知识点的要求,注重知识的传授,而忽视知识与技能、过程与方法、情感态度与价值观等三维目标的融合。这些都是在物理教师继续教育过程中需要解决的问题。

(2)了解物理学科理论、应用和发展趋势。

物理学科及它的分支学科发展十分迅速,教师必须十分关注物理学的新成就。可以将一些新的思想和方法融入平时的教学内容中,使教学内容更丰富、更充实、更有吸引力。它不仅可以使学生感受到基础物理的时代发展,同时也可以培养学生对物理学习的兴趣,提高学生的科学素养。

（3）深入研究物理课程教学内容。

物理课程结构和内容总是相互联系的。如何处理好必修课程（模块）与选修系列课程（模块）之间的关系，如何结合学生的实际情况指导学生选择选修课程，如何对新课程运用教材分析的基本方法进行研究，如何运用现代教育教学理论进行教学设计等，这些问题的解决不仅需要较为深厚的教学经验作为支撑，同时也需要扎实的教育教学理论知识作为依托。

3. 掌握教学技能，提高教学能力

在学习教育理论的同时，教师应当努力提高自己的教学技能，特别是近 20 年有关教师课堂教学技能的研究和实践，也显示出学生知识能力、智力、情感、态度、价值观等的形成和发展与教师的教学技能和教学水平密切相关，而要培养学生真正做到全面而富有个性的发展，必须掌握基本的教学技能，必须提高教师的教学水平。

4. 提高教育科研能力

提高物理教学质量的重要途径之一是开展教育教学科研。由于教师有丰富的教育教学经验，最了解教育教学的矛盾所在，能迅速地将教育教学科研的成果用于为提高教育教学质量服务，因此，提高教师教育教学科研的能力和水平，可以更好地促进教师提高教学能力，把握物理教学及研究的发展方向。

（二）中学物理教师继续教育的途径

教师的一生必须是学习的一生。学习是接受外界信息、开阔眼界、提高认识、激发感情的过程。教师要跟上时代发展的步伐，就必须牢牢地树立终身学习的观念。教师不仅要坚持学习，还要善于学习，要善于通过多种途径吸取新理论、新知识、新事物。也只有这样，才能保持良好的心态，乐于接受新生事物，并通过多种渠道开展交流，取长补短，共同提高。

目前，我国中学物理教师继续教育的主要途径有以下几种。

1. 自学

物理教师提高自身素质最基本的途径是坚持经常性的自学,主要包括教师职业道德的自我修养和专业知识的补充、教学水平的自我提高。虽然物理教师的教学工作十分繁忙,但还是应当挤出一定的时间自学物理专业知识和教育理论知识,通过期刊、报纸、广播、电视、计算机网络等多种途径了解物理学和教育科学的发展动向和最新成果,了解最新教育教学改革动态,养成收集资料、记读书笔记的习惯,还可以学习其他教师的教学经验和教学成果,不断提高自己的物理专业理论水平、物理教学水平和物理教学科研水平。

2. 进修

中学物理教师的继续教育主要是指其在职进修。目前各省市自治区都颁布了有关教师继续教育的法规,制定了继续教育证书制度,这也为物理教师的进修提供了常规性的机会和时间。物理教师应当充分利用这些难得的机会,多接触、了解物理学发展和物理教学改革与发展的知识及动态信息,走出封闭的工作环境,了解同行,也了解自己。

充分利用各种进修机会参加讲习班和研讨会,参加各地市开展的多种教研活动。同时,也可以根据自身的具体情况,参加在职研究生课程培训等学习活动,充实自己,提高自己。

3. 开展教学研究

针对目前基础教育改革和发展的需要,广大中学物理教师积极投身中学物理课程和教学改革之中。参加教育科学研究是物理教师提高自身素质的有效途径,可以极大地提高物理教师教育教学水平和教学效果。通过参加课程和教学改革、教学实验及教学研究,一方面可以深入了解当前物理教学改革与教学试验的现状和动态,另一方面可以将新的教学思想、观念、方法运用于实际教学之中,其本身就是一个学习与提高的过程。

当然,我们也应当看到,随着教师队伍整体水平和素质的提高,那种脱产学习或短期进修以"补缺补差""完善学历教育"的模式已发生了较大的变化。加之,广大物理教师平日教学工作任务繁重,完全脱产进修学习的方式亦存在诸多问题。因此,当前中学物理教师的继续教育工作又有着新的特点,理想的解决方法或继续教育的理想模式仍需要探索。目前较为理想的解决办法是基于校本培训模式,短期和长期培训相结合,定期和制度化相结合等。

三、中学物理教育科学研究的意义和方法

中学物理教学研究是探讨中学物理教育教学规律、指导中学物理教学实践、进行中学物理教学改革的重要手段,也是中学物理教师必备的一项基本能力。开展教育科学研究工作不仅是提高教育教学质量的重要途径,也是提高教师素质的有效方法。为了能够顺利而有效地进行中学物理教育教学研究,物理教师必须掌握从事教育教学研究的原则、步骤、方法、手段等有关知识。

（一）中学物理教育科学研究的意义

在我国,物理课程与教学论学科的发展和中学物理教学研究的深入对我国中学物理课程建设起到了极大的促进作用。它不仅体现教育科学的共性规律在物理学科教学中的运用,而且着眼于研究学生学习物理的心理特点和思维规律,研究通过物理教育教学促进学生全面而富有个性发展的规律。

我国社会经济、科技、文化的飞速发展对基础教育提出了越来越高的要求。一系列的新问题、新课题摆到了中学物理教师的面前,亟待探索、研究和解决。开展物理教育科学研究,不仅是时代发展的要求、学校课程和教学改革的需要,也是教师提高自身的素质、促进教学质量的提高、实现教师专业化发展的需要。

（二）中学物理教育科学研究的程序和原则

1. 中学物理教育科学研究的程序

中学物理教育科学研究的一般程序大致如下。

（1）选择和提出物理教学研究的课题。

中学物理教育科学研究始于发现问题,而物理教学中的问题有大有小,大的问题属于基础理论研究领域或应用研究领域,如物理课程目标的研究、中学生物理学习的特点和规律的研究。小的问题主要是指一些

具体问题,如怎样讲好一个物理概念、如何改进一个演示实验等。

（2）查阅资料、调查研究,分析课题的现状和动态。

确定要研究的问题,收集与课题有关的各种资料和信息,掌握大量的事实、材料和数据,了解他人的研究工作的进展情况及课题研究的发展趋势。

（3）选择研究课题的具体方法。

当研究课题确定以后,就应当考虑研究方法。物理教学研究的方法很多,如观察法、调查法、实验法、历史法等。值得注意的是,物理教育科学的研究方法兼有自然科学研究和社会科学研究的特征。

（4）制订具体的课题研究计划。

对研究的课题都要制定出周密的研究方案和实施步骤。在分析和研究相关资料的基础上,运用物理教学研究的具体方法,通过实验研究,进行系统的观察、测量、记录和处理有关数据,经过认真分析、概括,做出科学的结论。

（5）拟定研究报告。

不论对物理教学的哪个方面进行研究,最终都要把研究的过程及结果用文字形式表述出来,就是要写研究报告或学术论文。

2. 中学物理教育科学研究的原则

（1）科学性原则。

物理教育科学研究是指通过对大量物理教育教学事实的分析和综合,并在此基础上提出科学假说,建立相应的教学模型,提出物理教育教学改革设想和方案。物理教育教学事实的客观资料的收集与整理要能真实和全面地反映物理教育教学的实际情况,具有一定的代表性。这样才能找出各种资料的内在联系,从而发现物理教育教学的客观规律。

（2）实用性原则。

这是指研究课题对当前的中学物理教育教学是否有针对性,是否联系当前的教学实际,对当前的物理课程和教学改革是否具有现实意义和实用价值。

（3）创造性原则。

研究课题要有独创性,要在前人或别人没有解决或尚未完全解决的基础上有所发展。否则,可能出现重复他人研究的情况,也就失去了研究的价值。

（4）可行性原则。

遵循可行性原则,主要应当考虑研究课题的目标是否具体、明确,开展研究后所必须具备的物质条件、组织条件和人员素质条件是否具备,能否坚持定性和定量研究相结合的基本思想,从不同层次和不同角度认识物理教育教学的规律和特点。一般来说,研究课题不宜过大,对于初次从事中学物理教育教学研究的教师,结合自身的实际情况,从小的课题入手,注重有关课题的选择和研究方法的运用,是取得教学研究成果的关键。

（三）中学物理教学研究课题的选择与确定

中学物理教育科学研究虽然属于学科性质的教育科学研究,但是其研究领域十分广泛。根据中学物理的学科特点,其教育科学研究的领域可以分为如下几个方面。

1. 基础教育理论研究领域

所谓基础教育理论研究,是指把中学物理教育看作一个整体,从理论上研究其课程结构、课程设置、课程内容、课程目标、教学目的任务、教学原则、历史演变,以及其在中学教育中的地位、作用等问题。基础教育理论研究具有理论性强、涉及面广、研究周期较长的特点。这部分研究通常由具有较强研究实力、较长研究历史,熟悉中外物理课程和教学情况的集体承担,目前在我国主要是中学物理教学研究会、教育部所属的各研究机构和设立在全国重点师范院校的教育部基础教育课程研究中心等。研究的课题涉及中学物理课程标准的研制及相关解释、中学物理课程目标的研究、中学物理课程结构及内容、新的课程标准指导下有关课程和教学基础理论的研究等等。

2. 应用性研究领域

应用研究注重于探索中学物理教育教学中的具体问题,包括教学设计、教学内容、教学方法和教学手段等问题,以及探索如何将基础理论研究的成果应用于教学改革和实践中的研究。这类研究不仅有利于提高中学物理的教学质量,促进中学物理教师专业化发展,也有利于理论研究成果的检验与深化。研究的课题主要涉及中学物理课程目标在教学中的体现和实施、中学物理课程和教材体系的研究、中学物理教学方法体系研究、中学物理实验教学方法的研究、中学物理研究性学习活动研究、中学物理课题研究的探讨、中学物理课堂教学结构研究、中学物理教育测量与评价的研究等。

3. 开发性研究领域

开发性研究领域主要是指基于新的课程标准,结合我国以往的中学物理教育教学经验,针对中学物理学科的特点,对物理实验仪器设备、教具、学具,以及物理教学视听材料、计算机辅助教学的硬件和软件的开发等。研究的课程主要涉及中学物理实验仪器设备的改进研究、中学物理实验组合仪器的研制、中学物理演示仪器成套设备的开发、数字化物理实验平台的搭建、计算机辅助教学的硬件和软件开发研究等。

(四)中学物理教育教学研究的常用方法

物理教育教学研究有多种方法,在具体的课题研究中需要采用最适用、最合理的方法,特别是多种研究方法的综合运用。对不同的研究课题可选用不同的研究方法,所选的方法要最适合于研究内容和研究对象的性质与特点,最能全面真实地揭示有关现象的矛盾与联系,最能体现出事物的本质及规律。

1. 观察法

观察法是在自然条件下有目的、有计划地对物理教育教学进行考察研究的一种方法,是物理教学研究最常用的、最基本的方法。

物理教育教学研究过程中,运用观察法时要注意其基本要求,所选择的观察对象要有典型性,要根据研究问题的要求正确选择具有一定代表意义的典型对象;观察要有目的、有计划、有范围、有重点,对所观察的事物有足够的认识;观察过程中,要坚持实事求是,确保观察到的材料真实可靠;随时做好观察记录,提高观察的信度和效度。

观察法常用于中学物理课堂教学质量评价研究和学生学习物理的形成性评价,特别是有关实验技能掌握情况及学习态度的研究等。

2. 调查法

调查法是通过被试者对有关问题口头或书面的回答,间接地收集所要获取的有关资料和数据的研究方法。因而,调查法是一种间接观察法。根据资料和数据的收集方式,调查法可分为资料分析法、座谈会法、谈话法、问卷法等,其中主要为谈话法和问卷法。

问卷法主要是研究人员通过书面的问卷与大量的被调查者同时进行对话,所以,就问卷调查而言,研究者事先要根据调查的目的要求,编制好问卷题目,要求被调查者用尽可能简单的形式或用便于计算机进行统计分析的符号表示出所需的资料信息。

问卷是一种可以不受或少受时间和空间的限制并在较大的范围内获取所需信息的有效的调查方式。但运用时应注意以下几点:

(1)问卷调查表的设计主要是根据课题研究的目的、内容和要求,就调查目的、调查内容、调查范围、调查方式、统计和分析、调查结果的解释和说明等几方面进行通盘考虑,通常是以单项选择问题为主,有时也会出现一些多项选择或简单的填写或说明内容。

(2)问卷是为了探讨内情,因此研究者与被调查者之间应建立信赖关系。

(3)应尽量避免提出一些难以回答的问题,而且回答的方法越简单越好。

(4)问卷调查研究前最好先在小范围内进行试用,从而对问卷调查表的结构、调查对象及对每个问题的可能回答做到心中有数。

(5)为了避免被调查者产生不必要的顾虑,宜采用无记名方式进行。当然,有时出于进一步研究的需要,也可采用填写真实姓名的方式,便于追问。

3. 实验法

实验法是为了研究某一物理教育教学问题,根据教育教学理论,有计划地组织物理教学实践,适当控制条件,通过对实验的分析研究,得出科学结论的方法。研究者可以根据选定的课题,通过控制条件,突出研究的主要因素,排除次要或无关因素的干扰,进行对比分析,获得所需要的数据和结论。实验法通常有单组法、等组法和整组法三种方式。

(1)单组法。

单组法就是对一组被试者分期施加不同实验因素的影响,在整个实验过程中,其他条件保持不变,然后将各实验因素所产生的效果加以测量和比较。例如,在某段时间内,我们对某个班级采用通常的教学方法进行物理教学,在保持其他条件不变的情况下,再采用一种新的教学方法进行。在实验之后,可以通过比较分析使用不同教学方法时学生物理学习成绩的变化,来确定新的方法是否优越、可行。

（2）等组法。

等组法就是对条件相等的两个或两个以上的被试实验组分别施加不同实验因素的影响,比如,实验过程中,一个组为实验组,一个组为对照组。在保持其他条件不变的情况下,将各实验因素所产生的效果加以测量和比较,从而确定各实验因素的作用。

采用等组法,实验组数要等于或大于所施加的实验因素数。为增加实验的准确度,一方面要注意各实验组的条件要尽可能相同,另一方面可应用较多的实验组,以便彼此对照。

（3）整组法。

整组法也叫轮组法,就是把各实验因素轮换施加于各实验组,然后根据每个因素所产生的效果进行比较分析。整组法通常要求实验组数和实验因素数相等。实验时,要做到每个实验因素不但要在各组中轮换一遍,也要在实验次序的每一个地位上也都轮换一遍,以避免某实验因素由于总是排在前面、最后或中间而受到的有利或不利影响。

以上三种实验形式,各有优缺点及适用范围和条件。相比而言,整组法较为科学,其结果较可靠。例如,在探讨运用新的教学方法改革研究时,首先选择两个基本条件相同的班级进行对照实验,先在甲班采用A种教学方法,乙班采用B种教学方法。进行一个时期的教学实验之后,再对调,即甲班采用B种教学方法,乙班采用A种教学方法,然后再进行对比分析,从而对新的教学方法的使用进行讨论和研究,必要时进行调整和改进,进而获得推广和进一步探讨的第一手材料,丰富教学方法的改革和提高。

（五）中学物理教育科学研究报告和学术论文

不论对中学物理教育教学哪个方面进行研究,都需要对调查和实验所取得的数据和结果进行定性分析和定量分析,最终都要把研究的过程和结果用文字表述出来,就是要写研究报告或学术论文,这是中学物理教育科学研究的一个重要环节。研究报告和学术论文虽然没有截然分开的界线,但还是有所不同。

1. 研究报告

研究报告是对某个问题进行研究工作的如实记载,如调查研究报告、实验报告、经验总结报告。研究报告必须反映研究工作的全过程,即研究的课程及其目的意义、研究的方法、研究的结果等,可以表明研究者对研究课题所持的观点和所采用的方法。一份良好的研究报告,必须具有一定的理论价值或实用价值,确保研究结果在理论上站得住脚,在实际应用中行得通。撰写研究报告通常采用所谓的"三段式",即前言、正文、结论。中学物理教育教学研究报告大致应当考虑以下几部分内容:

（1）前言或问题的提出；

（2）研究方法；

（3）研究结果的显示及说明；

（4）讨论；

（5）结论；

（6）参考资料。

2. 学术论文

学术论文是对物理教育教学的某个课题进行研究后,提出的具有自己见解或创造性研究成果的科学总结。它是将研究过程中取得的丰富资料、数据,经过科学的分析、概括、判断、推理等加工处理,形成论点,做出结论。

学术论文的内容一般包括论文题目、摘要、前言、正文、参考文献等几部分。下面对学术论文基本结构中的重点内容进行解释和说明。

论文摘要（包括中文和英文摘要）是论文基本内容的简介。要求简短、扼要,说明论文的目的、依据和方法、成果和结论,重点是概述论文的要点和主要结论,特别是写出研究成果的独到之处。

论文的引言（前言）是论文的说明。要求介绍前人在本课题已有的工作,也可以对其有所评述,从而阐明本文的目的、意义和所要解决的问题。

论文的正文是论文的主体。阐述研究问题的理论依据、设想和假定,体现研究工作中的方法、手段、分析,做出结论。应当着重叙述自己实践的部分和获得的结果,并加以分析、讨论。

论文的参考文献是引用前人工作成果的出处。绝大多数的研究成果,都是在原有的理论基础和前人相关工作的基础上,进一步发展所取得的,应当说明所依据的原有理论,应当把引用前人的观点、方法、成果等的出处列出。这一方面反映论文具有真实、可靠的科学依据,另一方面也体现对前人成果的尊重。

总之,开展中学物理教育科学研究,无论课题是大是小,都应当写出研究报告或研究工作总结,其中具有创新内容的可写成学术论文。撰写研究报告或学术论文的目的,主要是为本门学科教育教学发展积累资料,进行学术交流,推动中学物理课程和教学改革的发展。

第二节　如何从科学本质角度培养学生的物理核心素养

一、物理核心素养与科学本质概述

每个学科都有其特定的核心素养内容,物理学科同样也不例外,物理核心素养主要包括:物理观念、科学思维、科学探究、科学态度与责任。

科学态度与责任指的是在认识科学本质,理解科学、技术、社会、环境关系的基础上逐渐形成的对科学和技术应用的正确态度及责任感。主要包括四方面:科学本质、科学态度、科学伦理、STSE 等要素。科学本质包含在科学态度与责任中,指的是对于科学知识、科学研究过程、科学方法、科学精神、科学的历史、科学的价值、科学的限度等方面最基本的认识,是一种对于科学本身全面的、哲学性的基础认识。在物理教学中,可以通过培养学生的科学态度与责任来加强学生对科学本质的认识。

二、从科学本质角度培养学生物理核心素养的策略

科学本质是包含于科学态度与责任中的一小部分素养内容。科学本质具有四个明显属性:客观真理性、可检验性、系统性、主体性。

（一）培养学生大胆质疑、求证的科学态度

物理是一门重视学生逻辑思维和动手能力的理科科目,物理实验是物理学习中很重要的组成部分,是物理学习的基础。并且绝大部分的物理现象都可以利用实验重现发生过程,降低学习难度,帮助学生更直观地理解物理知识,例如力、物体的运动等板块知识都可以利用物理实验进行直观学习,所以教师要充分利用物理实验培养学生的核心素养。

素质教育要求教师转变教学模式,从以教师为主体的填鸭式教学转变为以学生为主体的自主式教学,让学生的心理状态从"要我学"变为"我要学",教师可以在教学中培养学生的问题意识,让学生学会问为什么。要培养和鼓励学生敢于质疑的学习精神,学会通过自己的实践和探索去获取知识。这样才会有效地激发起学生对物理现象的求知欲和好奇心;学生在质疑和猜测中才会筛选出精华内容,才会对物理知识有更深的理解和记忆。

（二）培养学生严谨求实的科学态度

在自主学习的过程中,教师既要鼓励学生发挥个人发散性思维、敢于质疑,也要培养学生严谨求实的科学态度,要求学生把自己提出的所有问题都利用现有的实验资源进行验证,要始终对自己说的话和提出的观点负责任。只有通过物理实验论证的、经得起考验的实验结果才是正确的。根据正确的实验结果学生们才可以负责任地总结出什么因素会导致实验对象产生变化。而这一系列的实验过程就可以逐渐培养出学生严谨求实的科学态度,帮助学生正确地认识科学本质,提升物理核心素养能力。

（三）培养学生物理应用意识

物理课程基本理念之一是从生活走向物理,从物理走向社会。物理是人们生活、劳动和学习必不可少的工具,能够帮助人们处理数据、进行计算、推理和证明,为其他科学提供了语言、思维和方法,也能够提高人的推理能力、抽象能力、想象能力,是人类的一种文化。所以,将学生的生活与学习经验结合起来,能使物理教学具体、生动、直观,从而使学生感悟到物理的真谛,学会用物理眼光观察世界,增强物理应用意识,训练创造思维能力。

第三节　中学物理课堂教学应注重学生学科思维的培养

　　思维是人脑借助于语言对客观事物的概括和间接反映过程。学科思维是根据不同的学科特点在解决实际问题中具有的典型思维方法和习惯。学生物理思维的培养就是让学生在观察、分析事物时以特有的思维方法去解决问题,并逐渐形成分析、解决问题的能力,形成科学的思维习惯。物理课堂教学应重视学生的物理思维培养。下面浅谈物理课堂中物理思维的培养。

一、物理课堂教学要有问题意识

　　人类的知识和经验方法都来源于问题,但不同的人对问题的关注度是不一样的。只有对问题有好奇心、有解决的欲望和持久的关注,即具有问题意识,人的知识和解决问题的能力才能有质的提升。问题意识也称为思维的问题性心理品质,是指人们在认识活动中,经常遇到一些难以解决的、疑惑的实际问题或理论问题,并产生一种怀疑、困惑、焦虑、探究的心理状态。

　　物理课堂教学中教师、学生都应该有问题意识。教师在备课过程中应多去研究教材和学情,发现问题,预设问题,课堂上应引导学生在学习过程中发现和提出自己的问题,在小组合作学习中解决问题。师生要把问题意识形成思维习惯。

　　(一)引发学生提问是发展学生思维的最好方法

　　问题化教学对教师的要求很高,教师在课前要做足功课。一是要认真地钻研教材,寻找知识的逻辑关系,预设一些化解知识难点的问题。二是要研究学情,更好地了解学生思维层次,引导学生向更深层次去思考。三是要注意与其他学科知识的融合。只有做足了准备,课堂上才能真正引导学生借助文本创设情境去发现问题、提出问题和分析解决问题。

　　课堂上教师不要过多地暗示、包办,教师设计的问题应该是更大的问题,让学生去思考、去表达自己的真实想法。问题化教学应该让学生先行,只有学生对教材的知识有接触、有认识了,学生才能去体验和思考。教师要等待、倾听,让学生去大胆表达。

　　总之,问题化教学要先有发现,再有支持,先有思维空间大的问题才有学生各自的问题。先有教师的预设,课堂中的慢行、倾听,让学生充分表达,才有真实的学生思维提升。

　　(二)追问是问题生成和解决的重要途径

　　追问就是让一个小问题去启发学生解决一些别的问题。可以是教师的追问,也可以是学生的追问。教师要掌握追问的艺术,当学生对一个核心问题弄不明白的时候,教师不必过急地去帮助学生回答,而应该针对这个核心问题及时去追问几个小问题。这些小问题中有些是帮助解决核心问题一个方面的问题,有些是启发学生如何去思考问题的方法。通过教师的追问让学生去发现并找出问题的本质,从而促进学生思维张力发展。当然教师还应该把追问的习惯带给学生,让同学之间相互追问。

二、物理教学应重视物理思维的训练

　　"科学思维"是从物理学视角对客观事物的本质属性、内在规律及相互关系的认识方式;是基于经验事实建构物理模型的抽象概括过程;是分析综合、推理论证等方法在科学领域的具体运用;是基于事实证据和科学推理对不同观点和结论提出质疑和批判,进行检验和修正,进而提出创造性见解的能力与品格。培养学生的科学思维能力是中学物理教学的一项重要任务。

　　(一)重视概念教学过程,激发学生兴趣

　　物理概念是反映物理现象和过程的本质属性的思维方式,是物理事实的抽象。正确概念的形成,靠的是正确的思维方法,也就是辩证思维的方法。

　　物理概念教学,首先是要引导学生认识引入概念的必要性,然后是创设思维情境及对有关感性材料进行分析、抽象、概括,从而正确地形成概念。然而，概念有时也是发展着的，需要不断深化，因此，概念的深化发展也可以促进学生的思维方法、思维品质得到提高。

物理概念的教学十分重要，教师应该遵循物理学内在的逻辑联系，让学生将已掌握的知识迁移到新知识上来，特别是帮助学生建立物理知识体系，不能将物理概念简单化，或把物理综合题变成只需套公式的计算题，把物理课上成数学课。只有注重物理知识内涵学习，学生学习物理的兴趣和潜力才能激发出来，完成由物理知识到技能的转变。

（二）重视理想模型的建构和应用，培养建模能力

所谓物理模型就是在研究物理问题的本质时采用的一种简化描述或模拟的方法。

1. 模型建构的五个层次

（1）能说出简单物理模型。
（2）能在熟悉情境中应用常见物理模型。
（3）能在熟悉情境中选用恰当物理模型解决简单问题。
（4）能将实际问题中的对象和过程转换成物理模型。
（5）能将较复杂实际问题的对象和过程转换成物理模型。

2. 在教学过程中培养学生的建模能力

（1）教学中注重对物理模型的认识和理解。

物理模型的建立是舍弃次要因素，把握主要因素，化复杂为简单，完成由现象到本质、由具体到抽象的过程，而模型的本身又具有直观形象的特点。物理模型是科学性和假定性的辩证统一。物理模型不仅再现了过去已经感知过的直观形象，而且要以先前获得的科学知识为依据，经过判断、推理等一系列逻辑上的严格论证，所以具有深刻的理论基础，即具有一定的科学性。理想模型来源于现实，又高于现实，是抽象思维的结果。

（2）确定物理情景进行过程列式，引导学生构建模型。

物理模型的建立是物理教学的需要，是帮助学生认清事物内在本质的需要，也是培养学生解决问题、分析问题能力的需要，更是培养学生思维品质的需要，因此要求教师在教学过程中不断渗透建模的意识、建模的方法，帮助学生形成建模思维能力与习惯，通过纷杂的现象看清事

物的本质。

（三）重视科学推理的过程和结论,培养推理能力

由一个或几个已知结论推出另一个新结论的思维方式,称为科学推理。物理课科学推理的常见方式有归纳推理、演绎推理和类比推理。其中用得较多的是归纳推理和演绎推理。

归纳推理是由个别性判断推出一般性判断的推理。运用归纳法的步骤是：

（1）搜集材料：通过观察、实验得到大量材料。

（2）整理材料：将材料归类,得出反映问题特征的判断。

（3）抽象概括：经过分析、比较,排除无关因素,抽象出本质因素,概括出一般规律。

演绎推理是由一般性判断推出个别性判断的推理。运用演绎法的步骤是根据一般规律,通过分析,在一定的限制条件下,运用数学手段得出个别的特殊性规律。

（四）重视科学论证的过程和方法,培养论证能力

任何一个论证都是由论题、论据和论证方法三个要素构成的。

1. 论题

论题是通过论证要确定其真实性的判断,它所要回答的是"论证什么"的问题。论题一般有两类：一类是科学上已被证明的判断,对于这类论证,其目的主要是宣传真理,使人们确信某个论题的真实性；另一类论题是科学上尚待证明的判断,对这类论题的论证,其目的在于探索论题的真实性。

2. 论据

论据是用来确定论题真实性的判断,是使论题成立并使人信服的理由或根据,它所回答的是"用什么来论证"的问题。可作为论据的判断一般有两类：一类是已被确认的关于事实的判断,另一类是表述科学原理的判断（包括定义、公理、定律、原理等）。有些论证是分层次的,在确定某一判断（论题）的真实性的过程中,如果引用的论据（第一层论据）本身还不是具有明显真实性的判断,就要引用其他判断（第二层论据）

对这些论据进行论证。如此类推,还可以有第三层论据、第四层论据等。在一个论证中,只能有一个论题,论据一般有多个。

3.论证方法

论证方法是指论据和论题之间的联系方式,即论证过程中所采用的推理形式,它所回答的是"怎样用论据论证论题"的问题。一个论证过程可以只包含一个推理,也可以包含一系列推理。常用的论证方法有事实论证、理论论证、比较论证、比喻论证、因果论证等。

科学论证是科学教育的核心内容。把科学论证作为课堂教学的内容,让学生经历类似科学家的论证过程,引导学生完成这一再生产的过程,可能多花了一些教学时间,却让学生增加了一份真切感受,收获了一份成长。

(五)倡导高层次的质疑和批判,培养创新能力

质疑的行为大致可以分为两个层次:一是对知识了解不够,没有弄懂,无法解决具体问题,提出疑问,这是低层次的;二是发现所观察到的现象与已有认知不吻合,或者发现已有认知之间不能自洽,从而对现有认知的科学性和合理性提出疑问,以至于萌发出新的猜想,这是高层次的。应倡导高层次的质疑行为,历史上物理学的重大发现都是由高层次的质疑行为引发的。

物理学需要批判性的思维。批判是一种思维过程,具有积极思考、自主分析和提出新见解的特征,通过求证、反思等手段,培养学生合理质疑和科学批判的能力。物理教学应培养学生的问题意识,有意识地训练学生的质疑和批判能力,以提高学生的科学思维品质,促进其学科素养的提高。批判性思维是创新思维与创造力的必备条件。

创新,是指在前人发现、发明的基础上,提出新的见解或观念,采用新的策略、方法、技术,开辟新的领域,创造新的事物或得到新的发现和发展。创新主要追求的是"突破""新异""独特"。创新思维是指人们对未知事物有创造性的思索。创新思维需要人们突破思维定式,把已掌握的知识、信息加工整理或重组,从新的角度寻找解决问题的思路和方法,达到成果创新的目标。平时教学时可从以下方面培养学生的创新能力。

1. 创设宽松的教学环境

宽松的物理课堂,有利于生动活泼的互动、合作、探究氛围的形成。教师以合作者身份,投身于学生创新探索中去,积极鼓励他们大胆想象,耐心宽容地倾听每个学生正确或者片面甚至错误的想法。只有这样学生才会心情舒畅、兴趣盎然、思维活跃,点燃智慧的火花。

2. 构建正确的师生关系

物理教学是学生探索物理新知的过程,更是学生培养、演练创新思维的过程。教师一定要恰到好处地扮演好"主导"角色,要让教师的主导作用更好地为突显学生创新主体作用服务。实际教学中,教师要精心设计具有探索性的问题台阶,鼓励学生积极思维、大胆尝试、迎难而上。引导其独立思考,自主创新,让学生充分体验到物理知识的探索发现和形成过程,习得物理学家做学问、做研究的思想方法,为培养学生物理创新思维奠定基础。

3. 实施科学的教学方法

平时教学时可以实施问题教学法、探究教学法、发现教学法、开放式实验教学等科学方法,注重学习方式的多样化、学习场所的随机化、思维方式的发散化,以充分解放学生的思想、调动学生的学习积极性、打开学生创新思维的翅膀。还可以开辟第二课堂,开展课外小制作、小设计活动,让学生的创新思维放飞课外。

学生物理创新思维的培养,是物理教育的根本任务,更是物理教学改革势在必行的重要切入点。只要我们更新教育观念、教学策略和方法,尽力营造适合学生创新的教学氛围,注重挖掘他们的创新潜能,激发他们的创新热情,强化他们的创新意识,发散他们的创新视角,就能使他们的物理创新思维能力得到有效的培养和发展。

三、物理教学中应培养基本的物理思维方法

好的方法往往能起到事半功倍的效果。在物理教学中,我们重视对学生思维方法的培养,这对学生整体思维素质的提高起着积极的作用。物理学习中应着重培训以下几种最基本的思维方法。

（一）分析与综合的思维方法

任何事物和现象,都是由许多要素、许多属性组成的统一体。分析就是以事物的整体与部分为客观基础的。为了从总体上把握事物的性质及运动规律,就必须了解其各个要素的性质、特点和相互联系。客观事物的整体与部分的这种关系,使得运用分析解决物理问题不仅成为可能,而且成为现实。事物各个部分、侧面是综合的基础,综合以分析为前提。

（二）抽象与概括的思维方法

物理抽象思维不是以人们感觉到或想象到的物理现象或物理事物为起点,而是以物理概念为起点去进行思维。物理抽象思维穿透到现象或事物的背后,暂时撇开偶然的、具体的、繁杂的、零散的事物的表象,在感觉不到的地方去抽取事物的本质和共性,形成概念,从而进一步推理、判断。在教学中教师引导学生概括知识时,应在学生已有知识经验的基础上,上升到科学的概括,才能使学生正确理解和掌握教材的基本概念、基本理论。

（三）模型思维法

将复杂的研究对象或物理过程,通过运用理想化、抽象化、简化、类比等手段,突出事物的本质特征和规律,形成样板式的概念、实物体系和情景过程,即物理模型。

（四）等效思维法

在保持效果或关系不变的前提下,对复杂的研究对象、背景条件、物理过程进行有目的的分解、重组、变换或替代,使他们转换为我们所熟知的、更简单的理想化模型,从而达到简化问题的目的。

（五）整体法与隔离思维法

整体法与隔离思维法是物理解题中最重要的思维方法,不管是在力学还是电学里面,都尤为重要。

总之,好的思维习惯和科学的思维方法是学好物理最重要的前提,也是落实物理新课程标准、培养学生核心素养的最终目标,意义重大。

物理教学工作者要认真研究、归纳物理学科思维方法,在教育教学中以身示范,并把学习物理的科学方法融入自己的课堂教学中来,培养学生的兴趣和思维习惯,激发和培养学生的创新思维。

四、物理建模思想在学科思维培养中的重要性

所有的自然现象都是相互联系的。事物之间的相互联系,反映了必然联系的规律性,同时又存在着许多偶然性,使我们对问题的研究产生了复杂性。因此,研究复杂的问题需要我们引入能够描述其要点的辅助量或建立理想化模型,这就是模型法。建构理想化模型是物理学研究中常用的方法。

(一)物理模型思想培育的含义

物理模型是物理思想的产物,是科学地进行物理思维并从事物理研究的一种方法。

建立物理模型需要将我们研究的物理对象、物理过程、物理情境,通过抽象化、理想化、简约化、类比化等思维,进行"去次取主""化繁为简"的处理,把反映研究对象的本质特征抽象出来,构成一个概念或实物的体系,形成物理模型。它包括对象模型化、条件模型化、状态和过程模型化等。

当我们在学习新知识时,对它的认知往往是依靠已知的知识进行比较,这就是最原始的建模思想。建模思想是学习能力的重要组成部分,但很多学生并未真正理解什么是建模思想。举个例子,我们见到一个由几根木棍支撑的木板,会马上判定这是一张"桌子",因为我们在生活中见到的所有具有类似特征的东西,都被我们分类为"桌子"了,于是这一类物品就和"桌子"联系在一起。即便我们没见过面前这种桌子,但凭借其与这一类模型相似的特征,就可以轻松地对其进行模式识别,这就是建模思想的应用。学科素养高的人总有从已有经验建立模型的倾向,面对新知识时也就更容易触类旁通,举一反三。

(二)物理建模思想培育的方法

培育初中物理建模思想的一般方法,是以初中物理课堂教学内容为载体,以培养学生科学思维为核心,通过对初中教材内容进行研究和分

析,从研究对象模型化、条件模型化、状态和过程模型化等角度进行典型课例研究,以概念教学、规律教学、习题教学、复习课教学四类课型培养初中学生物理建模思想。

1. 建模思想在概念教学中的应用

物理概念是物理现象的共同特征和本质属性在头脑中概括和抽象的反映,是物理学的基石,是描述和阐明物理世界、分析处理物理问题的基本专业术语,也是帮助学生树立物理观念的基础。

物理概念的教学过程,一般从大量的物理情境获得感性认识,对感性材料进行初步的思维加工,基于物理现象或实际需要提出问题,通过思辨或数学方法,排除非本质的东西,进行概括提炼,再形成反映事物本质的概念。初中阶段逻辑思维开始占主导地位,但很大程度上依赖于感性经验的支撑,在概念教学中需要引导学生观察、思考,构建模型,演绎推理。

在物理概念的教学中,建构模型起着关键的作用。初中物理概念教学涉及机械运动、声现象、物态变化、光现象、电现象等板块知识,概念种类多,如:速度是运动学的基本概念;质量和密度则贯穿"物质"的主线;力和能则是研究力学的两大视域。要使学生深入理解和掌握这些概念,需要强调概念建构的过程,重视概念建构的方法教学。

从形式逻辑的分类方式来看,物理概念可以分为定量概念和非定量概念。例如:光线属于非定量概念;速度、质量、密度、力和功等则属于定量概念,通常要应用数学工具(如比值法、乘积法、图像法),结合思维方法(如控制变量法、类比法、分类法)来构建。定量概念也好,非定量概念也好,其建立过程都需要在感性认识的基础上进行概括、抽象,建立新的认识。要经历构造新旧知识的认知冲突,将现实的经验和问题转化为纯物理模型问题,提取出全面描述某个物理现象的属性或数量关系,既反映出影响该物理问题中某事物变化的因素,也能够应用公式分析出因素变化后演变出来的结果。

2. 建模思想在规律教学中的应用

物理规律教学是物理教学的核心组成部分。教学中不仅要引导学生认识物理规律本身,了解它反映了哪些物理概念之间的联系和制约关系,而且要使学生了解它的研究方法和适用范围。

物理规律教学建立在实验探究的基础上,通过对实验数据进行分析和处理,归纳提炼出规律。学生分组实验探究物理规律,并非完全重复和还原前人的实验过程,而是一种经过优化的过程体验,毕竟是在有限的时间内完成的。因此,物理规律建模教学一般遵循这样的过程:首先要创设实验情境,通过改进和优化实验器材,进行探究、观察和测量,获得数据,然后经过抽象概括、逻辑推导得出结论,结论多数通过数学模型描述,最后再在实际问题中还原为物理结论。在物理规律的教学中,要在教学开始阶段就创设好物理情境,设计有效的问题,层层推进,激发学生的探究热情;还要让学生亲自做实验,引导学生进行思维加工,通过物理图像、公式模型等建立规律。

建模思想在规律教学中的应用不但能使学生对所学规律深刻理解、牢固记忆,而且还能充分调动学生学习的主动性。更重要的是,建模思想的培育可使学生掌握研究物理问题的基本方法,提升学生物理核心素养。

3. 建模思想在习题教学中的应用

习题教学是物理教学必不可少的环节,是检验学生学习效果及是否形成解决问题能力的有效途径,也是培养思维能力的有效手段。高质量、高效率的物理习题课堂,是提高学生分析、解决物理问题能力,化解学习困难的关键。这需要教师从心理学的角度入手,对如何培养解题思维进行研究,发现解题思维过程的内在规律和基本方法。

物理教学中,知识应用以习题呈现时,定性的物理现象解释和分析较为常见,也容易激发学生学习物理的兴趣。但物理习题教学的主体部分是数学计算,由于复杂习题与数学工具如公式、图像、函数、方程等结合紧密,学生在处理时普遍觉得困难。而在练习或考试中遇到的困难若持续下去,会在多方面影响学生的学习:一是学生持续的解题挫败感会使学生失去对这门课程的学习兴趣和信心,产生厌学情绪;二是学生思维能力和分析、解决问题的能力得不到有效提高,会制约后续的学习;三是学生无法通过物理习题的解答加深对知识的理解和应用。

许多物理题目都来源于生产生活或物理实验,是人们根据教学需要,对某些实际的物理现象、过程或者实验装置进行模拟、简化抽象之后改编而成的,将这些现象、过程或者装置抽象为物理模型。一个模型代表着一类对象、装置或现象。这些模型作为题目的构件,以一定的条件组合后呈现出来,成为题目中的物理现象模型。

开展高效初中物理习题教学的方法:一是分类训练,对不同习题进行分类,对同一专题计算的不同题型进行分类,形成系列化的典型例题、针对性习题、变式训练;二是进阶训练,对于复杂的综合题型,先使解题者熟悉单一的物理现象模型的基本练习题,养成将基本练习题的解题经验和解题途径应用于综合习题的局部问题的习惯。

4.建模思想在复习教学中的应用

面对考试,物理学科的难度是客观存在的。在复习备考的过程中,专题复习课对学生能力的提高有重要的作用。专题复习一般分力学和电学两大板块,对综合题采用分解与还原的方法,剖析复杂问题的基本构件,研究组成复杂习题的"子系统",使学生识别综合问题中的物理现象模型,进而联想与模型相对应的典型基本题型的解题方法,把解题经验运用到复杂问题的解答中来。物理模型思维的培养能较好地突破教学难点,对师生在复习教学中攻克难点有较好的指导作用。

建模思想应用于习题教学,一般的方法是,通过对某一种题型进行解构,根据物理习题中物理模型的定性分析与定量计算结合的特点,从简单模型入手,通过改变条件、叠加或变式、组合等方法,对同类型的习题进行进阶式训练,最终使学生形成解决复杂问题的能力。进阶训练的习题编排要使整个训练过程由易到难。将其逆过程展开,可以感觉到一个复杂习题的形成轨迹是一些简单模型一步步演化而来的,简单模型的解题方法,都是解决复杂问题的构件。

(三)初中物理建模思想培育的意义

在以"学生发展核心素养"为目标的大背景下,新一轮的课程改革、教学改革、考试改革正在全国迅速展开。物理课堂聚焦思维是学科的核心任务,培养思维能力、聚焦"建模思想"是立足学生长远发展,适应学生终身发展的需要。

物理教学往往用建模的方式对物理概念和规律进行构建和探究。在某种意义上说,物理学的发展过程可以说是一个不断建立模型、运用模型和修正模型的过程,所以物理教学本身就是物理模型的教学,它对学生的思维能力的培养有着得天独厚的学科优势。不少初中物理教师认为建模是高中物理教学的事,认为初中学生的认知发展水平更多地具有"具象"的特点,因而忽视了初中物理建模思想的培养和训练,造成了学生在高中物理学习中感觉难度脱节的现状,不利于学生的后续学习。任何能力的形成都是循序渐进而非一蹴而就的,因此初中物理教师要有建模思维培养的意识,善于挖掘、利用、积累素材,为学生的后续学习打下良好的基础。

心理学的研究和实践表明,初中学生处于具象思维为主要形式向逻辑思维为主要形式过渡的阶段,它的主要特点是:形象或表象逐步让位于概念,并运用概念进行合乎逻辑的推理活动。但是这种抽象逻辑思维,很大程度上仍然是直接与感性经验相联系的,仍然具有很大成分的具体形象性。因此,结合学生认知发展水平对其进行建模思想的教育,是初中物理教师对学生实施建模思想培养的关键,它提醒教师不能任意拔高、超前、加难。

参考文献

[1] 白源法,等.新技术新媒体在中学物理教学中的应用 [M].福州：福建教育出版社,2019.

[2] 陈春国.如何培养中学生物理解题思维能力 [J].新课程导学,2011（29）：63.

[3] 陈家灿.物理思想在初中物理教学中的体现 [J].中学教学参考,2011（29）：74.

[4] 陈晓莉,李杨.中学物理课堂教学实作技能 [M].北京：科学出版社,2021.

[5] 董友军.基于物理学科核心素养的教学实践与反思：研究型教师的成长智慧 [M].广州：暨南大学出版社,2019.

[6] 冯连奎.中学物理教学策略的优化与创新 [M].济南：山东科学技术出版社,2020.

[7] 郭可馨,程敏熙,梁平,等.核心素养导向下"离心现象及其应用"教学的创新设计 [J].物理教学,2017,39（7）：6–9.

[8] 黄洪才.基于核心素养的中学物理课堂教学 [M].长沙：湖南师范大学出版社,2020.

[9] 纪晋平.中学物理教学视角创新 [M].北京：团结出版社,2019.

[10] 蒋杰.中学开展课外物理实验教学的探究 [J].实验教学与仪器,2011（10）：11–12.

[11] 金加团."追寻守恒量——能量"的小题大做 [J].中学物理教学参考,2017,46（10）：27–30.

[12] 李爽,曹永军.核心素养视域下的初中物理单元教学设计 [J].阴山学刊(自然科学版),2018,32（3）：169–172.

[13] 李昭鹏.浅谈中专物理教学中兴趣的培养和物理实验的应用 [J].科技信息,2012（5）:377.

[14] 梁红.物理实验教学中培养学生创新思维的理论基础的研究 [J].黑龙江高教研究,2004（1）:131-133.

[15] 刘景福,钟志贤.基于项目的学习（PBL）模式研究 [J].外国教育研究,2002,29（11）:18-22.

[16] 骆波.综合实践活动:用电冰箱研究物态变化现象 [J].物理教师,2018,39（9）:45-48.

[17] 马北河.中学物理知识结构化教学研究 [M].广州:暨南大学出版社,2020.

[18] 乔际平.物理学习心理学 [M].北京:高等教育出版社,1991.

[19] 沈幼其.实施项目教学 深化教学改革 [J].浙江工商职业技术学院学报,2002,1（4）:90-92.

[20] 王浩,何全瑛,赵广义.基于核心素养的物理学科能力探究 [M].长春:吉林人民出版社,2020.

[21] 王较过,马亚鹏,任丽平.中学物理教学案例研究 [M].西安:陕西师范大学出版总社,2019.

[22] 王震.中学物理教学技能理论与实践 [M].大连:大连理工大学出版社,2020.

[23] 王震.中学物理教学论 [M].大连:辽宁师范大学出版社,2019.

[24] 魏妙.探究式教学在高职数学教学中的实践 [J].哈尔滨职业技术学院学报,2011（2）:42-43.

[25] 徐刚.基于核心素养下物理学科能力探究 [M].长春:吉林人民出版社,2020.

[26] 徐继刚.初中物理实验教学中如何培养学生的创造性思维 [J].现代企业教育,2011（16）:172.

[27] 许静.中学物理课堂环境教学论 [M].天津:天津人民出版社,2019.

[28] 许宁.批判性思维在中学物理教学中的应用研究 [J].科教导刊,2015（3）:118-119.

[29] 杨刚,徐晓东,谢海波.从课堂到网络:多学科视角下师生互动透视 [J].远程教育杂志,2010,28（6）:46-52.

[30] 余文森 . 从三维目标走向核心素养 [J]. 华东师范大学学报（教育科学版），2016，34（1）：11–13.

[31] 赵洁 . 基于核心素养的物理学科能力探究 [M]. 北京：现代出版社，2019.

[32] 中华人民共和国教育部 . 普通高中物理课程标准（2017 年版）[S]. 北京：人民教育出版社，2018.

[33] 钟及龙 . 核心素养培养与中学物理教学：在中学物理课堂教学中培养学生学科核心素养的探索 [M]. 重庆：重庆大学出版社，2018.

[34] 钟启泉 . 基于核心素养的课程发展：挑战与课题 [J]. 全球教育展望，2016，45（1）：3–25.

[35] 周兆富 . 中学物理教学研究 [M]. 西安：陕西科学技术出版社，2021.

[36] 朱铁成 . 物理课程与教学研究 [M]. 杭州：浙江大学出版社，2008.

[37] 邹文治，吴继阁 . 基于核心素养发展的思维融入式教学设计——以"速度"教学为例 [J]. 中学物理，2017，35（12）：8–10.